문과생도 이해하는
인공지능 101

문과생도 이해하는
인공지능 101

초판 1쇄 펴낸날 2024년 3월 15일

지은이 서지영
펴낸이 이건복 **펴낸곳** 도서출판 동녘
책임편집 이지원 **편집** 김혜윤 홍주은 **디자인** 김태호 **마케팅** 임세현
관리 서숙희 이주원
등록 제311-1980-01호 1980년 3월 25일
주소 (10881) 경기도 파주시 회동길 77-26
전화 영업 031-955-3000 편집 031-955-3005 **전송** 031-955-3009
홈페이지 www.dongnyok.com **전자우편** editor@dongnyok.com
페이스북·인스타그램 @dongnyokpub
인쇄 새한문화사 **제본** 다인바인택 **라미네이팅** 북웨어 **종이** 한서지업사

책을 펴내며

이 책은 깊은 수준의 개념을 다루지는 않지만, 인공지능 전반에 대해 다루고 있다. 인공지능 자체가 이해하기 어려운 분야이기 때문에 전공자가 아닌 이들에게 그림을 통해 좀 더 친숙하게 다가가고자 했다.
이 책은 다음과 같은 다양한 주제를 다룬다.

- 인공지능 일반 ·프레임워크와 라이브러리
- 언어 처리 ·컴퓨터 비전 ·생성형 AI

각 주제는 '꼬리에 꼬리를 무는 형식'으로 구성되어 있다. 앞에서 언급된 단어들을 뒤에서 설명하는 형식으로 구성되었으며, 순서대로 하나씩 읽어가다 보면 인공지능 전체를 파악할 수 있다. 주변 사람들과 인공지능에 관한 대화를 나눌 때 한번쯤 언급될 만한 주제들이기 때문에 가볍게 읽어볼 수 있다. 그럼에도 인공지능에 등장하는 개념들이 어려울 수밖에 없는데, 가능한 한 비유를 통해서 쉽게 설명하려고 노력했다. 그림으로 쉽게 설명하면서도 중요한 핵심은 놓치지 않았으며 활용 사례들도 충분히 다뤘으므로 인공지능을 이해하는 데 이 책이 조금이라도 도움이 되었으면 좋겠다.

일러두기

1. 본문에 소개된 웹 사이트는 QR코드 링크를 통해 직접 이용해볼 수 있다.
2. QR코드를 스캔하는 방법
   - '네이버' 앱에서 검색창 오른쪽의 아이콘을 누른 후 왼쪽 하단 메뉴에서 '렌즈/스마트렌즈' 혹은 'QR/바코드'로 스캔한다.
   - '다음' 앱에서 검색창 오른쪽의 아이콘을 눌러 '코드검색'으로 스캔한다.
   - 스마트폰 기본 카메라 앱에서 '스마트렌즈'가 지원되는 기종은 카메라에서 바로 스캔할 수 있다.
   - 구글 플레이 스토어나 애플 앱 스토어에서 각종 QR코드 스캐너 앱을 다운받아 스캔한다.

문과생도 이해하는
인공지능 101

서지영 지음

동녘

추론 능력

컴퓨터

학습 능력

사고 능력

인공지능

인공지능Artificial Intelligence, AI은 인간의 고유 능력이라고 하는 사고 능력, 학습 능력, 추론 능력을 컴퓨터가 수행할 수 있도록 하는 기술이다. 왜 컴퓨터에게 이러한 능력이 필요한 것일까? 최초의 목적은 인간이 하기에는 힘들고 어려운 일(일명 3D 업종)들을 인공지능이 접목된 로봇에게 대신 시키기 위해서였다.

하지만 챗GPT 등장 이후에는 "인공지능은 과연 인간이 원하지 않는 직업만 대체할까?"라는 의심을 해볼 필요가 있다. 실제로 챗GPT 기술이 등장하고 이후 컴퓨터가 전문직 직업(회계사, 변호사 등)을 대체할 수 있다는 여론에 공감하는 사람이 늘고 있다. 인공지능 기술이 발전할수록 대체할 수 있는 직업의 수는 더 많아질 것이다.

002

머신러닝

머신러닝Machine Learning은 컴퓨터가 스스로 방대한 양의 데이터를 학습하고 지식을 습득하여 문제를 해결하는 기술이다. 챗GPT를 예로 들어 보자. 챗GPT는 스스로 570GB(전체 데이터 중 정제된 데이터만의 양)의 데이터를 학습했다. 그래서 우리가 어떤 질문을 하든지 막힘없이 답변을 해준다. 인간이 평생을 학습한다 해도 챗GPT만큼의 학습은 불가능할 테고, 학습이 가능하다 해도 그것을 모두 기억하고 조리 있게 문장으로 만들어내기란 불가능에 가깝다.

이렇게 컴퓨터는 스스로 학습함으로써 인간이 할 수 없는 영역에 도움을 줄 수 있다. 그런데 컴퓨터가 학습할 때는 데이터와 더불어 머신러닝 알고리즘이라는 것도 필요하다. 머신러닝 알고리즘의 종류로는 '지도 학습', '비지도 학습', '강화 학습'이 있다.

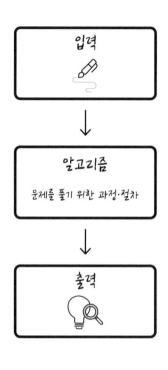

입력

↓

알고리즘

문제를 풀기 위한 과정·절차

↓

출력

003

알고리즘

알고리즘Algorithm은 어떤 문제를 해결하기 위한 절차나 방법을 의미한다.
예를 들어 다음과 같은 절차가 알고리즘이다.

1. 두 정수를 입력받는다.

2. 입력 받은 두 정수를 더한다.

3. 결과값을 출력한다.

이것을 파이썬 코드로 작성하면 다음과 같다.

```
a = int(input("첫 번째 정수를 입력하세요: "))
b = int(input("두 번째 정수를 입력하세요: "))
result = a + b
print("두 정수의 합은", result, "입니다.")
```

004

지도 학습

지도 학습Supervised Learning은 머신러닝 알고리즘에서 가장 일반적으로 사용되는 학습 방법 중 하나이다. 이 방법은 사람이 컴퓨터를 가르치는 과정이 필요하다. 인간은 일정 나이가 되면 초등학교에 입학하게 된다. 이때 정규 교육 과정에서 선생님으로부터 다양한 과목들을 배우게 되는데 이 동일한 과정이 컴퓨터에게도 적용된다. 컴퓨터에게 구구단을 알려주는 상황을 상상해보자. 구구단에는 '3x3=9'처럼 문제와 정답이 모두 포함되어 있다. 이렇게 1단부터 9단까지 모든 학습이 끝나면 컴퓨터는 그 원리를 이해하고 231x12와 같은 복잡한 계산을 할 수 있다.

참고로 구구단에서 정답에 해당되는 부분을 머신러닝에서는 레이블이라고 한다.

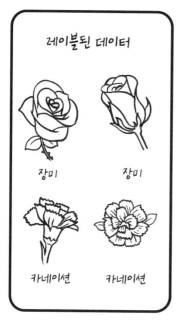

레이블된 데이터

장미 장미

카네이션 카네이션

레이블되지 않은 데이터

레이블

레이블Label(혹은 클래스Class)은 데이터의 분류를 나타내는 정보이다. 일종의 이름표라고 생각하면 쉽다. 예를 들어 컴퓨터가 사람의 얼굴을 인식하기 위해 다양한 사람들의 얼굴을 수집했다고 가정해보자. 그러면 이를 구분하기 위해 각각의 얼굴에 이름표를 붙여야 한다.

지도 학습은 입력 데이터(문제)와 해당 레이블(정답) 간의 관계를 학습하여 새로운 데이터가 주어졌을 때 적절한 레이블을 예측한다. 꽃 유형을 분류한다면 꽃과 관련한 이미지 데이터를 수집하고 각각의 이미지에 레이블을 지정해주는 것이다.

레이블 1: 장미

레이블 2: 카네이션

이제 각각의 꽃 이미지(동일한 장미 이미지라 하더라도 장미의 종류도 많을 뿐만 아니라 각도에 따라 다른 이미지로 보일 수 있다)와 해당하는 레이블 간의 관계를 학습한다. 그러면 새로운 꽃 이미지가 주어졌을 때 그것이 장미인지 카네이션인지 예측할 수 있게 된다. 예시처럼 지도 학습으로 장미와 카네이션만 학습시켰다면 두 종류의 꽃만 예측할 수 있지만, 만약 더 많은 종류의 꽃을 분류하고 싶다면 더 많은 꽃으로 학습시키면 된다.

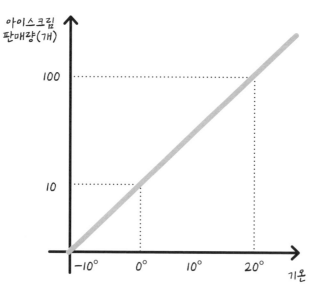

회귀 모델

006

회귀 모델은 어떤 원인(독립 변수)에 의해 결과(종속 변수)가 어떻게 달라지는지 알아보는 모델이다. 회귀 모델을 쉽게 이해하기 위해 계절별로 아이스크림 판매량이 어떻게 달라지는지 알아보는 상황을 가정해보자.

A 편의점의 일별 아이스크림 판매량을 확인해봤더니, 0도의 날씨에는 아이스크림 판매량이 평균 10개였던 반면에 20도의 여름철 날씨에는 평균 100개인 것을 확인했다. 여기서 기온이 독립 변수이고 판매량은 종속 변수가 된다. 이 데이터를 바탕으로 온도가 높아질 때마다 아이스크림 판매량이 얼마나 증가하는지 그래프로 나타내면 우상향 직선을 그릴 수 있을 것이다. 그리고 이 직선을 사용하여 특정 온도에서 예상되는 아이스크림 판매량을 예측할 수 있다.

이렇게 회귀 모델은 복잡하고 수많은 데이터에서 간단한 관계를 찾아내 예측을 가능하게 해준다.

또한 회귀 모델에는 선형 회귀와 비선형 회귀가 있는데, 선형 회귀는 모델이 예측한 그래프가 직선 형태이고 비선형 회귀는 곡선 형태를 띤다.

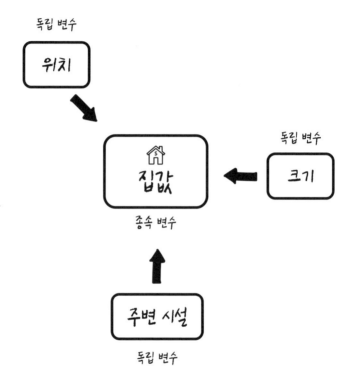

종속 변수와 독립 변수

종속 변수와 독립 변수는 머신러닝 분야뿐만 아니라 일반적으로 많이 사용되는 개념이다. 종속 변수는 다른 변수에 영향을 받는 변수로서 일반적으로는 예측하고자 하는 변수를 말한다. 예를 들어 집값은 집의 위치, 크기, 주변 시설 등의 요소에 영향을 받는 종속 변수인 셈이다.

독립 변수는 종속 변수의 변화에 영향을 주는 원인이 되는 변수이다. 앞에서 언급했던 집의 위치, 크기, 주변 시설 등이 독립 변수가 된다.

수많은 데이터가 주어졌을 때 예측하고자 하는 종속 변수를 찾아낼 수 있어야 정확한 분석이 가능하므로 데이터의 성격을 이해할 수 있어야 한다.

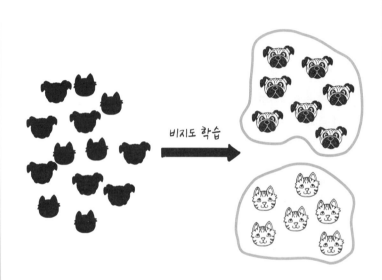

비지도 학습

비지도 학습Unsupervised Learning은 레이블이 지정되지 않은 데이터로부터 스스로 패턴을 발견하거나, 데이터 구조를 이해하고 문제를 해결하는 것이다. 대표적인 사례가 데이터 간의 유사성을 이해하고 그룹화(클러스터링)하는 것이다. 예를 들어 강아지와 고양이 이미지가 여러 개 있을 때 강아지는 강아지끼리, 고양이는 고양이끼리 분류하는 것이 비지도 학습이다. 또한 개인의 취향에 맞게 영화나 음악을 추천해주거나 금융 거래에서 비정상적인 패턴(주로 오전에 금융거래를 하던 사람이 새벽에 거래를 시도하는 경우 등)을 찾아내는 것 모두 비지도 학습 영역이다.

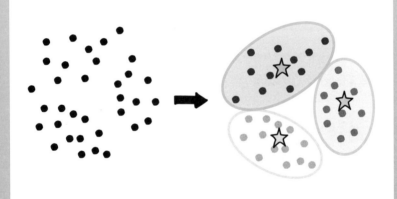

클러스터링

클러스터링Clustering은 비지도 학습의 한 방법으로, 유사한 특성을 가진 데이터들을 그룹으로 묶는 기법이다. 이때, 각각의 그룹을 클러스터Cluster라고 한다. 고객의 구매 패턴을 분석하여 유사한 구매 패턴을 가진 고객들을 그룹화하는 것이 한 예이다. 이렇게 그룹화된 데이터는 추천 서비스와 같은 서비스에 활용할 수 있다.

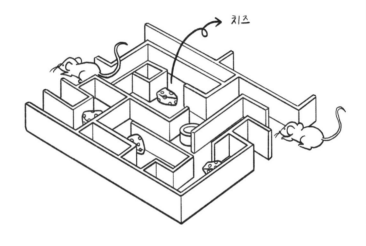
치즈

강화 학습

강화 학습Reinforcement Learning을 이해하기 위해서는 먼저 게임의 보상 원리를 이해해야 한다. 예를 들어, 곳곳에 치즈가 있는 미로에 쥐를 한 마리 풀어놓는다고 해보자. 이때 쥐는 후각으로 치즈를 찾아내며 미로를 빠져나올 수 있다. 즉, 쥐가 미로에서 헤매지 않도록 치즈라는 미끼를 던져주는 것이다. 이는 헤매지 않고 여기까지 잘 찾아왔다는 격려 차원의 보상일 수도 있다.

이처럼 보상을 이용하여 상황을 해결해나가는 것이 강화 학습이다. 주로 게임에서 많이 활용되고, 우리가 많이 알고 있는 알파고 역시 강화 학습을 이용한 것이다.

앞에서 살펴 보았던 미로 속 쥐의 예시를 강화 학습에서 사용하는 단어로 바꿔보면, 미로는 환경Environment이라고 하며 쥐는 에이전트Agent, 치즈는 보상Reward이라고 한다.

인간의 학습 방법

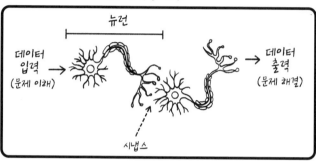

뉴런

데이터 입력
(문제 이해)

데이터 출력
(문제 해결)

시냅스

딥러닝의 학습 방법

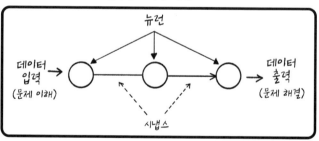

뉴런

데이터 입력
(문제 이해)

데이터 출력
(문제 해결)

시냅스

딥러닝

컴퓨터에게 인간과 같은 학습 능력을 부여한 것이 인공지능이라고 한다면 딥러닝Deep Learning은 컴퓨터가 대량의 데이터로부터 스스로 학습하고 문제를 해결하는 머신러닝의 한 분야이다. 딥러닝의 학습 원리는 간단하다. 바로 인간이 학습하는 원리를 모방하는 것이다. 더 정확히는 인간의 뇌 구조를 모방하여 학습하는 방식이다.

인간의 뇌는 데이터를 입력(문제 이해)받으면 수많은 뉴런을 거쳐서 데이터를 출력(문제 해결)한다. 뉴런 간의 연결은 시냅스가 담당하는데, 시냅스는 하나의 뉴런에서 다른 뉴런으로 데이터를 전달하는 역할을 한다.

이러한 구조를 그대로 모방한 딥러닝 역시 데이터가 입력되면 다수의 뉴런을 거치면서 학습하며, 이 뉴런 간의 연결은 시냅스가 담당한다. 그리고 뉴런과 시냅스를 합쳐서 인공신경망Artificial Neural Network, ANN이라고 부른다. 말 그대로 인간의 뇌를 모방했다고 하여 붙여진 이름이다.

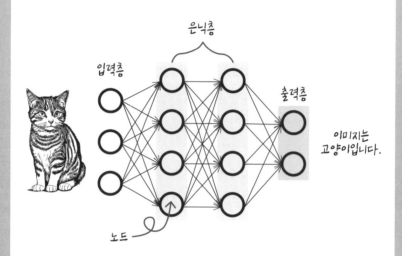

입력층

은닉층

출력층

노드

이미지는
고양이입니다.

계층(입력층·은닉층·출력층)

012

인공신경망에는 다수의 뉴런이 존재한다. 각각의 뉴런을 노드라고 부른다. 노드는 그 위치에 따라 입력층, 은닉층, 출력층으로 나뉜다.

입력층은 데이터를 받아들이는 역할을 하며 출력층은 최종 출력값을 계산한다. 또한 은닉층은 입력층과 출력층 사이에 위치하여 입력 데이터로부터 특징을 추출한다.

예를 들어 입력층에서 고양이 이미지를 받아들이면 은닉층에서 고양이의 특징이라고 할 수 있는 발톱, 눈동자 등을 추출하고 출력층에서는 최종적으로 해당 데이터가 고양이라는 것을 계산한다.

인공신경망을 이용하면 이미지의 특징을 추출하고 이를 토대로 정확한 예측을 할 수 있다. 그렇기 때문에 머신러닝보다 좀 더 정교한 분류와 예측이 가능하다.

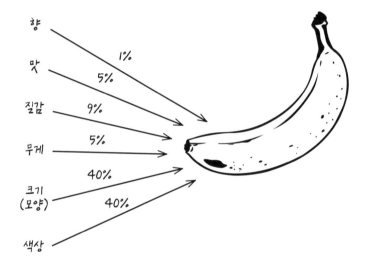

향 ——— 1%

맛 ——— 5%

질감 ——— 9%

무게 ——— 5%

크기
(모양) ——— 40%

색상 ——— 40%

013

가중치

과일 바구니에 사과, 오렌지, 망고, 바나나, 청포도가 담겨 있다. 우리 인간에게는 바나나를 구분하는 것이 쉽지만 눈이 없는 컴퓨터는 바나나를 어떻게 구분할 수 있을까? 답변이 어렵다면 질문을 바꿔보자. 우리 인간은 바나나를 어떻게 구분할까? 가장 쉽게 구분하는 방법은 색상, 크기(모양)를 보는 것이다. 바나나는 다른 과일과 다르게 노랗고, 길고, 홀쭉하다.

이제 이 정보를 컴퓨터에게 알려준다. "노란색이면서 길고 홀쭉한 특징을 가진 과일은 바나나야"라고 말이다. 즉, 과일에는 향과 맛, 질감, 무게 등 다양한 특성들이 있지만 이런 것들보다는 색상과 크기를 '중점적'으로 보라고 가이드를 주는 것이다. 이때 중점적이라고 표현한 부분을 인공지능에서는 바로 가중치(Weight)라고 부른다.

퍼셉트론

요즘 식당에서 서빙 로봇을 종종 볼 수 있다. 로봇이 하는 일은 음식을 테이블로 옮기는 것이지만 또 하나의 중요한 기능도 수행해야 한다. 이동하는 도중 장애물(주로 사람이다)을 만나면 기다리거나 옆으로 이동해야 한다. 즉, 서빙 로봇은 두 가지 상태를 확인해야 한다.

(1) 음식이 로봇 위에 올려져 있는가?

(2) 이동 중에 장애물이 있는가?

이제 로봇이 할 일은 '판단'이다. 첫 번째 질문이 '예'라면 로봇은 음식 배달을 시작할 것이고, 두 번째 질문이 '아니오'라면 설정된 경로대로 해당 테이블에 음식을 배달할 것이다. 또 만약 두 번째 질문이 '예'라면 경로를 재탐색할 것이다.

퍼셉트론은 이 로봇의 행위와 유사하다. 퍼셉트론 역시 데이터가 입력되면(서빙 로봇의 경우 데이터는 질문 두 개에 대한 답변이다. 일반적으로 '예', '아니오'이다. 그리고 이것을 퍼셉트론에서는 입력층이라고 한다.) 그것을 바탕으로 판단(서빙 로봇의 경우 음식을 옮기거나 경로를 재탐색하는 것이 된다. 이것을 퍼셉트론에서는 출력층이라고 한다.)을 내린다. 즉, 퍼셉트론은 입력층과 출력층만 가지고 간단한 작업을 수행할 수 있는 인공신경망이다.

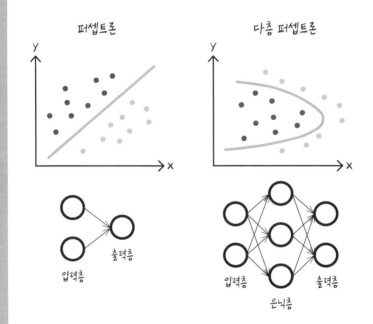

다층 퍼셉트론

앞에서 살펴본 퍼셉트론은 입력층과 출력층으로만 구성되었다. 이러한 구성은 이진 분류(주어진 이미지를 두 가지로만 분류)만 가능하다. 즉, 퍼셉트론을 x축과 y축으로 구성된 좌표에서 데이터를 분류하는 상황으로 가정한다면 직선 형태만 가능하다. 하지만 모든 데이터가 직선 형태로만 깔끔하게 분류되는 것은 아니다. 그래서 사용되는 것이 다층 퍼셉트론Multi-layer Perceptron, MLP이다.

다층 퍼셉트론은 퍼셉트론과는 다르게 입력층과 출력층 사이에 은닉층을 둠으로써 입력과 출력 간의 관계가 곡선과 같이 비선형적인 형태를 띠는 문제를 처리할 수 있는 인공신경망의 일종이다. 따라서 다층 퍼셉트론은 이미지를 인식하거나 문서를 분류하는 등 좀 더 복잡한 분야에서 활용할 수 있다.

데이터 모음

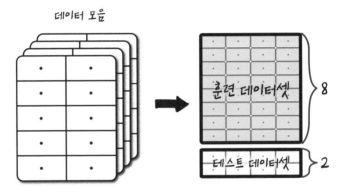

훈련 데이터셋 } 8

테스트 데이터셋 } 2

데이터셋

데이터셋Dataset은 특정 목적을 위해 수집된 데이터의 모음을 의미한다. 이렇게 수집된 데이터셋은 8:2 혹은 7:3으로 분할하여 훈련과 테스트 용도로 사용한다. 훈련 데이터셋Training Dataset은 말 그대로 학습 용도이고, 테스트 데이터셋Test Dataset은 학습이 얼마나 잘 되었는지 정확성을 검증하는 용도로 이용한다.

이러한 데이터셋은 정형·반정형·비정형 데이터로 구성되어 있다.

정형 데이터

반정형 데이터

비정형 데이터

텍스트   이미지   비디오

정형·반정형·비정형 데이터

정형 데이터Structured Data는 데이터가 행과 열이 있는 표 형태로 구성되어 있다. 대표적으로는 엑셀이 있다. 반정형 데이터Semi-structured Data는 엑셀과 같이 행과 열로 형태를 갖춘 것은 아니지만 일정한 패턴이나 규칙성을 갖는데이터다. 반정형의 대표적인 예인 HTML은 다음과 같은 구조를 갖는다.

017

```
〈html〉
〈head〉
   〈meta charset="UTF-8"〉
   〈title〉Insert title here〈/title〉
〈/head〉
〈body〉
〈/body〉
〈/html〉
```

비정형 데이터Unstructured Data는 구조화되지 않은 데이터로, 어떠한 규칙적인 형태도 갖지 않는다. 텍스트·이미지·비디오 파일 등이 여기에 속한다.

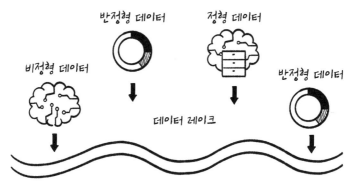

반정형 데이터

정형 데이터

비정형 데이터

반정형 데이터

데이터 레이크

OIOIOIIOIOIIOIOIIOIOOIOIIOIOIOIODIOIIOIOOI
OIIOIOIIOIOOIIOOIOIOIIOIOIOIOOIOIODIOIOIOIIO
OIOIOIIOIOIIOIOIIOIOOIOIIOIOIOIODIOIIOIOOI

데이터 레이크

데이터 레이크Data Lake는 대량의 정형·반정형·비정형 데이터를 수집하고 저장할 수 있는 저장소이다. 사진, 동영상, 텍스트 문서 등을 모두 한 곳에 저장할 수 있다. 그런데 여기에는 한 가지 특징이 있다. 저장된 데이터의 경우 가공 없이 원래 모습 그대로 저장된다는 것이다. 물론 원천 데이터를 수정했다면 수정한 데이터 역시 다른 이름으로 저장할 수 있지만, 원천 데이터는 반드시 그 상태로 유지해두어야 한다.

이렇게 데이터를 저장하는 이유는 결국 활용을 위한 것이다. 따라서 데이터 레이크에 저장된 데이터는 대부분 빅데이터 분석*이나 인공지능(머신러닝)에 활용된다. 머신러닝을 위해서는 다양한 선제 조건(GPU나 알고리즘)이 필요한데 그중 핵심은 데이터이다. 데이터가 있어야 분석이나 활용을 할 수 있을 테니 말이다. 그래서 머신러닝과 데이터 레이크는 하나의 세트처럼 사용되고 있다. 머신러닝 모델을 위해 데이터 레이크를 선제적으로 구축해야 하는 셈이다.

---

* 매우 크고 복잡한 데이터셋을 처리하고 분석하여 유용한 정보나 패턴 등을 발견하는 과정.

크롤링

크롤링Crawling은 웹 사이트를 돌아다니면서 필요한 정보를 수집하는 행위를 가리킨다. 그리고 이 정보들을 수집하는 일을 하는 일종의 봇을 크롤러 혹은 스파이더라고 부른다. 네이버나 구글 같은 검색 엔진이 이런 봇을 사용해 수많은 페이지를 둘러보고 필요한 정보를 모으는 행위가 바로 크롤링이다. 챗GPT 역시 방대한 양의 데이터를 크롤링으로 수집했다고 하니 데이터 수집에 있어서 가장 기본이 되는 기술이라고 할 수 있다.

그런데 크롤링에는 중요한 고려사항이 있다. 인터넷에서 데이터를 수집하다 보니 개인정보와 같은 민감한 정보들이 수집에 포함될 수 있다. 크롤링 특성상 모든 정보가 자동으로 수집되기 때문에 활용할 때는 개인정보 및 저작권 문제에 유의해야 한다.

참고로 데이터는 아래와 같은 형식으로 수집된다.

〈!doctype html〉〈html lang="ko" class="fzoom"〉〈head〉〈meta charset="utf-8"〉〈meta name="Referrer" content="origin"〉〈meta http-equiv="X-UA-Compatible" content="IE=edge"〉〈meta name="viewport" content="width=1190"〉〈title〉NAVER〈/title〉〈meta name="apple-mobile-web-app-title" content="NAVER"/〉〈meta name="robots" content="index,nofollow"/〉

019

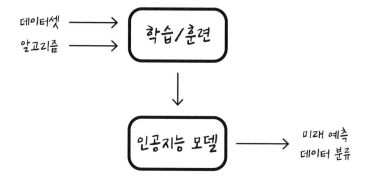

모델

020

모델Model은 머신러닝 알고리즘과 데이터를 이용하여 학습(혹은 훈련) 시킨 결과이다. 이때 학습이란 컴퓨터가 데이터의 패턴을 찾는 과정을 의미한다. 예를 들어, 매년 매출이 0.2%씩 오르는 추세라면 내년에도 0.2%가 오를 것이라고 예측하는 것이다.

따라서 인공지능 모델을 만들기 위해서는 데이터와 머신러닝 알고리즘이 필요하다. 우리가 잘 알고 있는 챗GPT도 이 두 가지를 이용하여 만들어진 결과이다. 이렇게 만들어진 모델을 사용하면 인간의 실수를 보완할 수 있을 뿐만 아니라 다양한 작업을 자동화함으로써 작업 효율을 높일 수 있다.

모델은 사용 목적에 따라 다양한 유형이 있다. 챗GPT와 같이 언어를 생성·처리하는 모델이 있는가 하면 이미지를 생성하는 달리2DALL·E 2, 이미지를 처리하는 합성곱 신경망 등이 있다.

If 조건

Then 행동

예시 (If) 사용자가 특정 제품을 조회한다면
(Then) 관련 제품을 추천한다

021

If-Then 규칙 기반 시스템

If-Then 규칙 기반 시스템Rule-based Systems은 '만약 어떤 상황이 발생하면 이러한 결정을 내린다'는 형태의 규칙들로 구성되어 있으며 주로 전문 지식을 담고 있다고 하여 전문가 시스템이라고도 불린다.

'(If)만약 이유 없이 몸무게가 갑자기 줄어들면 (Then)병원에서 검사를 받아야 한다'라는 것이 If-Then 규칙의 사례이다. If-Then 규칙은 머신러닝 알고리즘에 적용된 원리이기도 하다. 예를 들어, 의사 결정 트리라는 알고리즘은 If-Then 규칙을 이용하여 복잡한 문제를 간단하게 표현하는 데 사용된다.

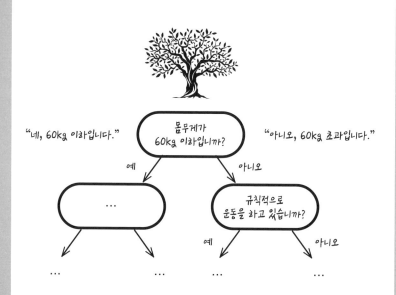

"네, 60kg 이하입니다."

몸무게가
60kg 이하입니까?

"아니오, 60kg 초과입니다."

예

아니오

...

규칙적으로
운동을 하고 있습니까?

예

아니오

...

...

...

...

의사 결정 트리

'If-then' 규칙의 연속으로 이루어진 의사 결정 트리Decision Tree는 나무를 뒤집어 놓은 구조를 가지며 질문에 따라 '예', '아니오'로 답변함으로써 데이터를 분류하는 지도 학습 방법 중 하나이다. 예를 들어 "몸무게가 60kg 이하입니까?"라는 질문에 다음과 같이 두 가지 답변이 가능하다.

(1) 예: "네, 60kg 이하입니다."

(2) 아니오: "아니오, 60kg 초과입니다."

또한 '아니오'라는 답변에는 "규칙적으로 운동을 하고 있습니까?"라는 질문을 추가로 할 수 있고, 그에 따라 또다시 '예', '아니오'라는 답변이 가능하다. 이처럼 의사 결정 트리는 각 질문마다 '예', '아니오'로 답변이 가능하기 때문에 결과를 도출하기까지의 과정을 시각적으로 확인할 수 있는 장점이 있다.

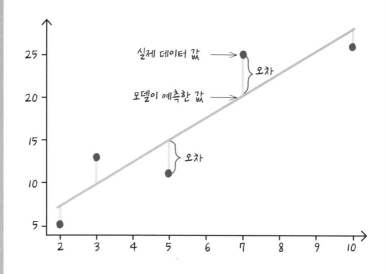

오차

모델은 데이터와 알고리즘을 이용하여 데이터의 패턴을 파악한 후 분류나 예측을 수행한다. 이때 학습을 위해 사용된 데이터는 훈련 데이터셋이 되고 모델의 정확도를 측정하기 위해서는 테스트 데이터셋이 사용된다. 그런데 이때 훈련 데이터셋으로 아무리 잘 학습이 되었더라도 테스트 데이터셋으로 모델의 정확도를 측정했을 때 100% 정확하기란 쉽지 않다. 이때 정확도 측면에서 발생한 차이가 오차Error이다.

오차는 모델이 예측한 값과 실제 데이터 값 간의 차이를 의미한다. 모델이 예측한 값이 실제 데이터 값과 일치하면 오차는 0이 된다. 따라서 모델이 예측한 값이 실제 데이터 값과 차이가 있을 때에만 오차가 발생한다.

오차가 0에 가까울수록 모델의 예측율이 높다는 의미이기 때문에 모델을 학습시키는 과정에서 오차를 최소화하는 것이 학습·훈련의 목표이다.

023

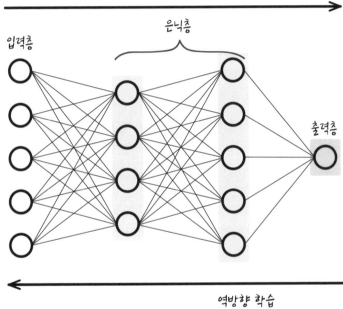

전방향 학습

은닉층

입력층

출력층

역방향 학습

전방향 학습·역방향 학습

024

전방향 학습Forward Propagation과 역방향 학습Backward Propagation(혹은 역전파 Backpropagation)은 인공지능에서 사용되는 학습 방법이다. 입력 데이터가 모델의 입력층으로 들어가면 각 층을 지날 때마다 중간 결과값이 계산되고, 출력층에서 최종 예측 값이 출력되는데 이러한 과정을 전방향 학습이라고 한다.

한편 역방향 학습은 신경망이 자신의 실수를 통해 배우는 방법이다. 전방향 학습이 끝나면 실제 데이터 값과 모델이 예측한 값의 차이인 오차가 구해진다. 이 오차를 바탕으로 신경망은 자신의 내부 설정(가중치 등)을 조정하여 다음번에는 더 정확한 예측을 할 수 있도록 하는데, 이렇게 실수를 바탕으로 계속 학습하면서 점차 더 나은 결과를 얻게 되는 것이 역방향 학습의 기본 원리이다.

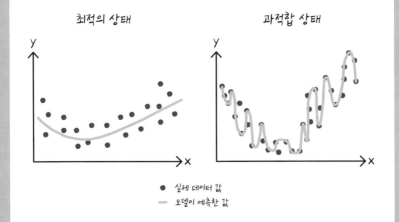

최적의 상태   과적합 상태

● 실제 데이터 값
— 모델이 예측한 값

과적합

과적합Overfitting은 모델이 훈련 데이터셋에 지나치게 학습되어 새로운 데이터(테스트 데이터셋)에 대해서는 오히려 정확히 예측하지 못하는 현상을 말한다. 학생이 특정 시험의 과거 문제들만 외워서 시험에 임한다고 가정해보자. 이 학생은 해당 시험의 과거 문제들에는 매우 능숙하겠지만, 새로운 문제가 나오면 해결하는 데 어려움을 겪을 것이다. 이것이 바로 과적합의 상황이다.

따라서 과적합은 머신러닝에서 굉장히 위험한 상태로 반드시 해결되어야 한다. 과적합을 방지하기 위한 방법으로는 데이터의 양을 늘리거나 모델의 복잡도를 줄이는 방법(은닉층이나 파라미터 수를 줄이는 것 등)이 있다.

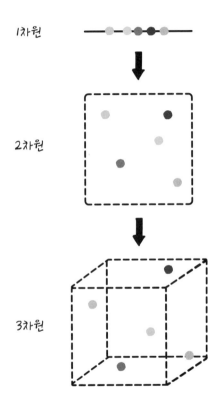

1차원

2차원

3차원

차원의 저주

인공지능에서는 데이터를 차원으로 표현할 수 있다. 차원은 공간을 구성하는 축의 개수를 의미한다. 따라서 1차원은 직선, 2차원은 평면, 3차원은 공간과 같이 차원이 증가할수록 공간의 복잡성이 증가한다. 즉, 데이터를 3차원으로 표현할수록 데이터가 많아지고 복잡도가 증가하는데 이러한 현상을 차원의 저주Curse of Dimensionality라고 한다.

예를 들어, 데이터가 5개 있다고 가정한다면 1차원 공간에서는 매우 조밀하게 표현된다. 반면에 2차원에서는 상대적으로 빈 공간이 많을 것이고 3차원에서는 빈 공간이 더 많아질 것이다. 참고로 빈 공간들은 모두 0의 값들로 채워져 있다. (컴퓨터는 0과 1의 값만 인식하기 때문에 데이터 5개는 1로, 나머지 빈 공간은 0으로 인식한다) 0이 많아진다는 것은 분석할 숫자가 많아진다는 것이고, 그에 따라 분석 시간과 자원(GPU, 메모리) 사용량이 증가하는 것은 물론 모델의 성능도 저하된다.

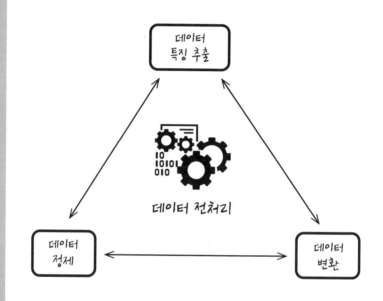

데이터 전처리

전처리

전처리Data Preprocessing란 주어진 데이터셋을 머신러닝 학습에 적합하도록 변환하는 과정을 말한다. 데이터 전처리 과정에는 다음과 같은 것들이 포함되지만 각각의 항목들이 반드시 필수적인 것은 아니다. 데이터가 잘 정제되어 있다면 아래의 과정이 필요하지 않을 수도 있고 일부만 필요할 수도 있다.

데이터 정제 Data Cleaning: 누락된 값, 잘못된 값 등을 제거하거나 대체하는 등의 작업

데이터 변환 Data Transformation: 데이터의 스케일링을 변환하는 작업

데이터 특징 추출 Feature Extraction: 주어진 데이터셋 중 필요한 항목만 선택하는 작업(예를 들어, 학업 성취도 조사에 학생들의 '키'라는 항목은 불필요하니 선택 사항에서 제외시킨다)

데이터 전처리는 모두 인간의 수작업으로 이루어지기 때문에 지루할 수는 있지만 반드시 선행되어야 하는 작업이다.

정규화

정규화Normalization란 데이터 값의 크기를 조정하는 과정을 말한다. 예를 들어 연봉과 경력은 데이터 값에 큰 차이가 있다. 연봉은 50,000,000원 이고 경력이 5년이라면 이 둘에 대한 데이터 값의 차이는 굉장히 크다고 할 수 있다. 하지만 연봉의 값이 크다고 해서 경력보다 더 중요한 의미를 갖는 것은 아니다. 이러한 경우 두 개의 데이터 값의 의미가 비슷하도록 표준화하는 작업이 필요한데 그 과정을 스케일링Scaling이라고 한다. 즉, 50,000,000과 5라는 숫자의 의미를 유사하게 바꾸는 것이다. 이 과정이 필요한 이유는 컴퓨터는 숫자만 이해하기 때문에 큰 숫자의 중요도가 높다고 판단할 수 있기 때문이다. 따라서 데이터 값의 범위에 차이가 있다면 일반적으로 정규화 작업이 필요하다. 이 정규화 방법에는 여러 가지가 있다.

최소-최대 정규화 Min-max Normalization: 데이터를 0과 1 사이의 값으로 변환

표준화Standardization: 평균을 0, 표준편차를 1로 만들어주는 방법

정규화 역시 인공지능의 전처리 과정 중 하나이며 정규화된 데이터를 사용하면 보다 빠르게 학습할 수 있고, 모델의 성능도 개선될 수 있다.

028

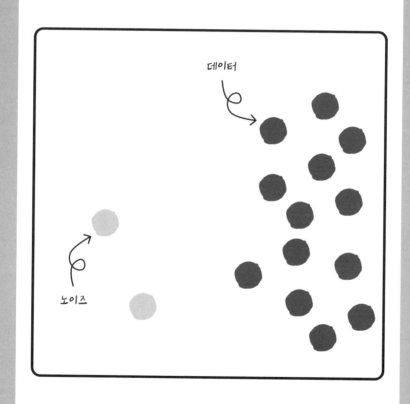

노이즈

인공지능에서 노이즈Noise는 훈련 데이터셋에 불필요한 정보가 포함된 경우를 말한다. 예를 들어, 고양이 이미지를 분류하기 위해 데이터셋을 준비했다고 가정해보자. 이때 준비된 데이터셋에 고양이 외에 다른 물체(예. 살쾡이, 퓨마)가 포함되어 있거나 이미지 해상도가 낮은 경우가 노이즈에 해당된다. 이러한 경우 모델은 고양이를 고양이가 아닌 다른 물체로 인식하는 등 잘못된 분류를 할 수 있다.

따라서 노이즈가 포함된 데이터로 학습한 모델은 정확한 분류와 예측을 하지 못하는 경우가 있을 수 있으므로 노이즈 역시 전처리 과정에서 삭제되어야 한다.

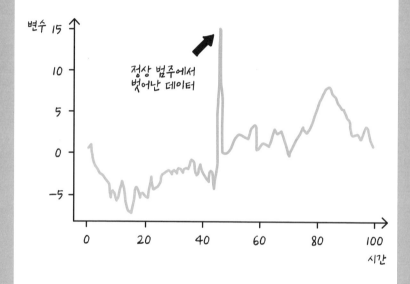

정상 범주에서
벗어난 데이터

이상 탐지

이상 탐지Anomaly Detection는 데이터에서 정상적인 패턴에서 벗어난 데이터를 식별하는 기술이다. 예를 들어, 제조 공정에서 이상 탐지를 적용하면 공정 과정에서 생성되는 데이터 중 정상 범위에서 벗어나는 데이터를 탐지함으로써 불량품을 식별할 수 있다. 또한 신용카드 거래에서 비정상적인 거래 패턴을 탐지하여 사기를 예방할 수 있다. 만약 주로 오후에만 100만 원 미만으로 이체하던 사람이 어느날 새벽 1,000만 원을 이체했다면 이것을 이상 거래로 인식하여 거래를 거절할 수 있다.

하지만 이상 탐지로 확인된 결과를 무조건적으로 신뢰하기보다는 사람이 한 번 더 검증하는 것도 중요하다.

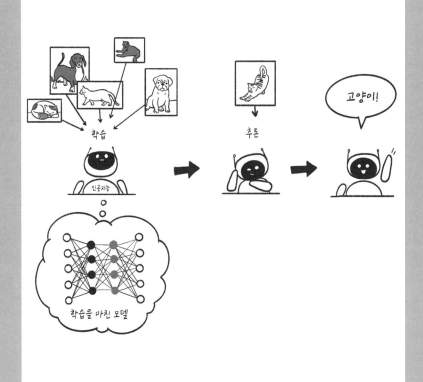

추론

추론Inferencing은 인공지능 모델이 배운 것을 새로운 상황에 적용하여 결정을 내리는 과정이다. 사진을 보고 고양이인지 강아지인지 구분하는 인공지능 모델이 있다고 가정해보자. 이때 모델이 추론을 하는 과정은 다음과 같다.

   (1) 먼저 인공지능 모델은 많은 고양이와 강아지의 사진을 보며 학습한다. 이후 모델은 고양이와 강아지를 구분하는 방법을 배우게 된다.

   (2) 이제 모델에 전에 본 적 없는 새로운 사진을 보여준다.

   (3) 모델은 학습한 지식을 사용하여 이 사진이 고양이인지 강아지인지 판단한다.

이렇게 모델이 배운 지식을 새로운 데이터에 적용하여 판단하는 (3)의 과정이 '추론'이다.

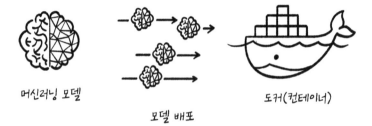

머신러닝 모델

모델 배포

도커(컨테이너)

모델 배포

모델 배포Model Deployment는 학습된 모델을 서비스로 만들어서 배포하는 과정이다. 이때 서비스란 챗봇과 같은 형태로서 사용자들이 사용할 수 있는 앱을 의미한다. 모델 배포를 위해서는 다양한 기술과 방법이 사용된다.

(1) 모델을 API Application Programming Interface 로 노출하여 웹에서 사용할 수 있도록 하는 방법이 있다. 대표적으로 챗GPT를 활용하기 위해 API를 사용한다.

(2) 머신러닝 모델을 이미지로 만들어서 도커 등의 컨테이너로 배포한다.

이때 중요한 것이 있다. 모델은 한 번 만들어지고 끝나는 것이 아니라 MLOps 라는 과정을 통해 지속적으로 재학습하고 재배포되어야 한다.

---

* 하나의 소프트웨어가 다른 소프트웨어의 기능이나 데이터를 사용할 수 있게 해주는 매개체.
** 머신러닝을 이용하여 모델을 개발하고 배포 및 운영하는 과정을 의미한다.

도커

도커Docker는 컴퓨터 프로그램(오피스, 이메일 등)을 '가상의 상자'에 넣어, 언제 어느 컴퓨터에서든 동작할 수 있게 해주는 도구이다. 도커를 설명할 때는 주로 부두에서 물건을 실어 나르기 위한 박스로 사용되는 컨테이너에 비유한다. 많은 컨테이너들이 배 한 척에 실리고 그 컨테이너 안에는 동일하거나 서로 다른 물건들이 쌓여 있다.

도커는 하나의 컨테이너와 유사한 기능을 한다. 컨테이너 안에는 프로그램을 실행시키기 위한 구성 요소들이 포함되어 있다. 즉, 도커는 앱을 실행하기 위한 컨테이너이며, 그 컨테이너는 하나 이상이 될 수 있다. 그리고 여러 개의 컨테이너를 중앙에서 관리할 수 있도록 지원하는 것이 쿠버네티스Kubernetes이다.

033

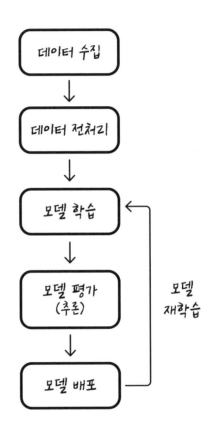

MLOps

MLOps는 'Machine Learning'의 ML과 'Operations'의 Ops의 합성어로, 머신러닝 모델을 안정적이고 효율적으로 개발, 배포 및 유지 관리하기 위한 방법론이다. ML과 Ops를 나눠서 살펴보면 다음과 같다.

ML 단계: 데이터 수집, 전처리, 모델을 위한 신경망 구축, 학습, 평가 등

Ops 단계: 모델 배포, 모니터링, 테스트 등

034

MLOps에는 모델을 관리하는 데 필요한 도구, 기술 등이 포함되며 MLOps에서 사용되는 도구는 다음과 같은 것들이 있다.

데이터 준비 및 전처리: 판다스, 넘파이 ('2. 프레임워크' 참조)

모델 학습: 텐서플로, 파이토치 ('2. 프레임워크' 참조)

모델 배포: 쿠버네티스, 도커

모니터링 및 유지보수: 프로메테우스[*], 그라파나[**]

상당히 많은 도구가 사용된다. 모델을 만들고 관리하기 위해 필요한 것들이니 MLOps가 간단한 과정이라고 할 수는 없을 것 같다.

---

[*] 시스템과 앱의 성능을 실시간으로 감시하고 데이터를 수집하는 데 사용되는 오픈소스 모니터링 도구.

[**] 오픈소스로 제공되는 데이터 시각화 및 모니터링 도구.

데이터 사이언티스트

데이터 사이언티스트Data Scientist는 데이터와 알고리즘을 이용하여 모델을 학습시키고, 학습된 모델을 배포하는 역할을 한다. 따라서 데이터 사이언티스트에게는 보통 수학·통계·컴퓨터 공학·데이터베이스·빅데이터 등의 지식이 요구되며, 다양한 데이터 분석 도구 및 프로그래밍 언어(파이썬, R, SQL 등)를 이용하여 데이터를 분석하고 처리할 수 있어야 한다.

이러한 지식을 보유한 데이터 사이언티스트는 마케팅·금융·의료·에너지·운송 등 다양한 산업 분야에서 데이터를 분석하거나 모델을 개발하는 등의 업무를 수행할 수 있다. 특히 우리나라의 경우 데이터 사이언티스트들이 많지 않기 때문에 높은 연봉을 받는 경우가 많다. (대부분의 데이터 사이언티스트들은 박사학위 소지자로 주로 해외에서 공부하고 그곳에서 직업을 찾는 경우가 많기 때문에 우리나라에는 인력이 많이 부족한 상황이다)

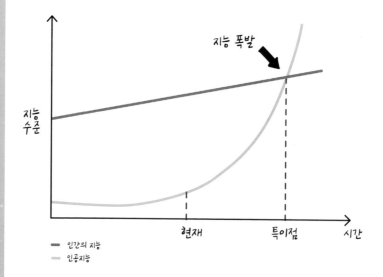

지능 폭발

지능
수준

현재   특이점   시간

━━ 인간의 지능
━━ 인공지능

인공지능 특이점

인공지능 특이점Artificial Intelligence Singularity은 인공지능이 인간의 지능을 넘어서는 지점을 일컫는다. 물론 인공지능 특이점이 언제 도래하며, 어떤 일들이 일어날지에 대해서는 아무도 예측할 수 없다. 하지만 특이점 순간에는 인간의 많은 역할이 인공지능에 의해 대체될 가능성이 높다. 현재도 챗GPT의 등장으로 많은 직업들이 없어질 것이라는 예측이 쏟아지고 있으니, 더 발전된 인공지능 시대에서는 어떤 것들이 가능할지 도무지 상상하기가 어렵다.

하지만 지금과 같은 기술 발전의 속도라면 곧 인공지능 특이점이 도래할 것이며, 이에 따라 우리 인간도 인공지능과 함께 공존할 생존 전략을 모색할 필요가 있다.

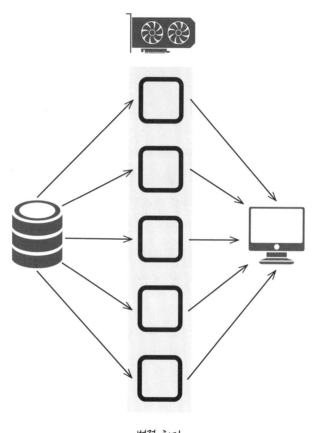

병렬 처리

GPU

GPUGraphics Processing Unit는 동시에 여러 개의 그래픽 작업을 처리하는 데 최적화된 장치이다. 초기에는 게임 및 그래픽 작업을 위해 설계되었지만 이후에는 하나의 일을 여러 개로 쪼개서 동시에 처리해야 하는 인공지능 및 머신러닝 분야에서 인기를 얻게 되었다. GPU는 주로 과학·공학·인공지능·딥러닝 등 대용량 데이터 처리 및 병렬 처리가 필요한 분야에서 사용된다.

현재 GPU와 관련해 NVIDIA와 AMD라는 제조업체가 유명한데, 특히 NVIDIA는 GPU를 제조하면서 GPU 기반의 딥러닝 가속기를 개발하는 데에도 박차를 가하고 있다.

037

---

* 딥러닝 학습 속도를 더 빠르게 해주는 하드웨어.

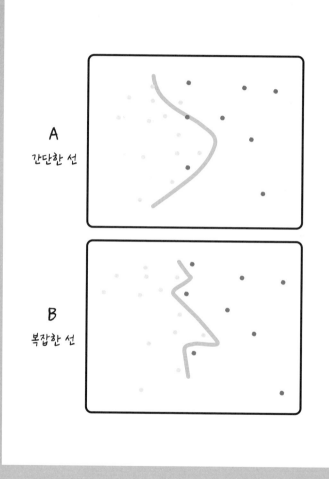

오컴의 면도날

오컴의 면도날Occam's Razor은 미국의 철학자 윌리엄 오컴William of Ockham 이 제시했는데, 복잡한 이론보다는 간단하면서도 설명할 수 있는 이론을 선택해야 한다는 원리이다.

038

인공지능 분야에서도 오컴의 면도날 원리는 매우 중요한 역할을 한다. 인공지능 모델을 개발할 때에는 가능하면 단순한 방법을 선택해 모델을 더 쉽게 이해하고 개발하며 유지 보수를 할 수 있도록 노력해야 한다는 철학적 의미를 담고 있기 때문이다. 하지만 지나치게 단순한 모델은 예측 성능이 떨어지는 경우도 있으므로 적절한 판단과 검토가 필요하다. 무엇이든 한쪽으로 치우치면 얻는 것보다 잃는 것이 많다.

캐글

캐글Kaggle은 데이터 사이언티스트들이 경쟁적으로 데이터 분석 문제를 해결하는 플랫폼[＊]이다. 데이터 사이언티스트들은 캐글을 통해 데이터 분석과 머신러닝 모델에 대한 연습을 하고 다른 사람들이 구현해놓은 분석 결과를 확인할 수도 있다.

또한 캐글에서는 데이터 분석 경진 대회를 주최하는데, 데이터 사이언티스트들은 여기에 참여하여 자신의 실력을 마음껏 뽐낼 수 있다.

1등에게는 상금을 제공하며, 여기서의 수상 경력을 이직시 이력으로 삼을 만큼 실력 있는 데이터 사이언티스트들의 참여가 활발한 곳이다.

039

＊　다양한 활동이나 서비스가 이루어질 수 있는 기반 또는 장소로써, 대표적으로는 앱스 토어가 있다.

소타
SOTA

GPT-4 제미나이

소타

인공지능을 공부하다보면 소타SOTA라는 용어를 종종 듣게 된다. 소타는 'State Of The Art'의 약어로, 어떤 분야에서 현재 가장 우수한 기술, 모델 또는 방법론을 말한다.

040

인공지능 분야에서도 SOTA 개념은 매우 중요하다. 현재도 인공지능 관련한 최신 모델이나 알고리즘은 지속적으로 발전하고 있기 때문에 SOTA 모델을 기반으로 연구나 앱을 개발하면 높은 성능의 결과물을 얻을 수 있다. 예를 들어, 언어 분야에서는 GPT-4 혹은 제미나이 가 SOTA 모델이라고 할 수 있다.

＊ 구글에서 발표한 인공지능 모델.

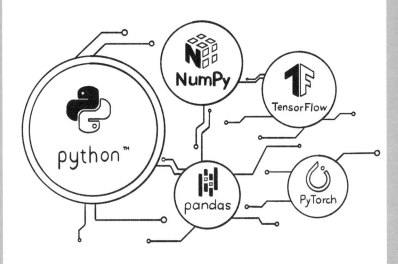

🧠 파이썬

파이썬Python은 귀도 반 로섬Guido van Rossum이 1991년에 발표한 프로그래밍 언어이다. 파이썬은 쉽고 간결한 문법을 가지고 있어 초보자부터 전문가까지 다양한 사용자들이 사용하고 있다.

특히 머신러닝을 위한 다양한 라이브러리와 프레임워크˙를 지원하고 있어 인기 있는 머신러닝 개발 언어이다. 파이썬에서 제공하는 가장 대표적인 머신러닝 라이브러리로는 넘파이, 판다스, 텐서플로, 파이토치 등이 있다. 넘파이와 판다스는 데이터 처리와 분석에 유용한 라이브러리이며, 텐서플로와 파이토치는 인공신경망을 구성하고 데이터를 학습시킬 수 있는 라이브러리이자 프레임워크이다.

041

˙ 건축에서 건물의 기본 골격을 만드는 것과 비슷한 개념으로 소프트웨어 개발을 위한 기본 구조와 지침을 제공한다.

In [1]: `print('Jupyter')`

Jupyter

In [2]: `print('notebook')`

notebook

주피터 노트북

주피터 노트북

주피터 노트북Jupyter Notebook은 데이터 분석, 머신러닝, 딥러닝 등 다양한 분야에서 코드를 작성하고 실행할 수 있는 개발 도구이다. 특히 코드를 작성한 후 바로바로 결과를 확인할 수 있기 때문에 대화형 개발 환경이라고도 부른다.

뿐만 아니라 머신러닝에서 많이 사용되는 프로그래밍 언어 파이썬을 포함하여 R 언어 등을 지원하고 있으며 다른 데이터 사이언티스트와 공동 개발을 할 수 있는 환경을 지원하고 있다. 머신러닝을 지원하는 대부분의 AI 제품은 주피터 노트북을 제공하고 있다.

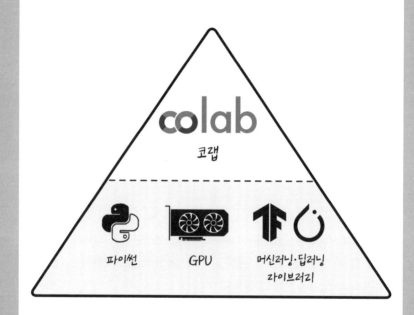

042

코랩

코랩Colaboratory은 구글이 개발한 온라인 노트북 환경이다. 코랩은 주피터 노트북과 유사한 기능을 제공하지만, 구글 클라우드에서 실행되기 때문에 내 컴퓨터에 소프트웨어를 설치하거나 관리할 필요가 없다.

또한 코랩은 다음과 같은 특징을 갖고 있어 개인이 머신러닝을 이용한 분석을 하고자 할 때 유용하게 사용할 수 있다.

(1) 무료로 사용할 수 있다.

(2) GPU를 지원한다. GPU를 이용하면 병렬처리가 가능하기 때문에 인공지능에서는 GPU가 중요하게 사용되는데, 이를 통해 학습 시간을 줄일 수 있다.

(3) 텐서플로, 파이토치 등 다양한 머신러닝·딥러닝 라이브러리를 지원한다.

(4) 파이썬, R 등 다양한 프로그래밍 언어를 지원하며 팀원들과 코드를 공유해서 함께 작업할 수 있다.

043

파이썬 라이브러리

라이브러리

라이브러리Library란 이미 만들어져 있는 코드를 모아 놓은 집합체를 말한다. 라이브러리는 기능적으로 연관된 코드들을 묶어서 제공하므로, 개발자들은 필요한 기능을 라이브러리에서 찾아서 쉽게 사용할 수 있다. 퍼즐을 맞추기 위한 각각의 조각들이 있다고 생각해보자. 우리는 이 조각들을 올바른 위치에 맞추기만 하면 된다. 프로그래밍에서 라이브러리도 비슷한 역할을 한다. 라이브러리는 프로그램을 만드는 데 필요한 여러 기능들을 제공하고, 개발자는 이러한 기능들을 자신의 프로젝트에 맞게 조합하여 사용한다.

더 구체적인 예를 들어보자면, 파이썬에서 데이터 분석을 위해 사용하는 판다스라는 라이브러리가 있다. 판다스는 CSV, 엑셀과 같은 형식의 파일을 읽어올 때 유용하다. 가져오려는 데이터가 CSV, 엑셀과 같은 형식이라면 판다스를 이용하여 쉽게 데이터를 가져와서 처리할 수 있다.

044

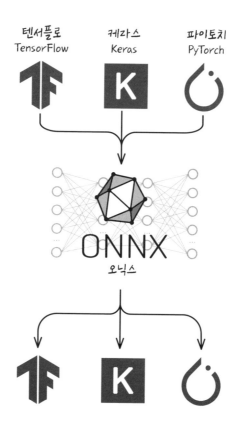

오닉스

오닉스Open Neural Network Exchange는 딥러닝 모델을 서로 다른 프레임워크에서 사용할 수 있도록 해준다. 일반적으로 텐서플로로 만든 모델은 파이토치와 호환되지 않는다. 하지만 오닉스를 사용한다면 서로 다른 딥러닝 모델을 함께 사용할 수 있다. 예를 들어, 텐서플로에서 만든 모델을 오닉스로 변환하면 파이토치에서도 이 모델을 사용할 수 있다. 오닉스를 사용하면 모델을 공유하고 재사용할 수 있기 때문에 개발 생산성을 높일 수 있다는 장점이 있다.

045

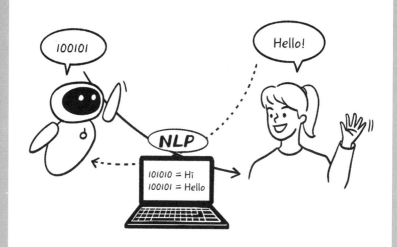

자연어 처리

자연어 처리|Natural Language Processing, NLP에서 자연어는 한국어나 영어와 같이 우리가 일상적으로 사용하는 언어를 말한다. 따라서 자연어 처리는 인간이 사용하는 언어를 컴퓨터가 이해하고 처리하도록 하는 분야이다. 예를 들어 인간이 작성한 문서를 컴퓨터가 이해하여 중요한 정보를 추출하거나, 다른 언어로 번역하는 것이 가능하다. 하지만 컴퓨터가 인간의 언어를 이해하고 정보를 추출하기 위해서는 형태소 분석, 구문 해석, 의미 분석, 화용 분석 단계가 필요하다. 이러한 단계를 거쳐야 번역·텍스트 분류·문서 요약·감성 분석·질문에 대한 응답 시스템 등 다양한 서비스에서 활용될 수 있다. 챗GPT 역시 자연어 처리의 대표적인 활용 사례이다.

046

강아지가 깨끗한 우리집에 살아요

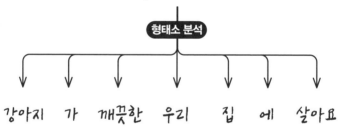

형태소 분석

강아지   가   깨끗한   우리   집   에   살아요

형태소 분석

형태소 분석Morphological Analysis은 문장에서 의미를 가지는 작은 단위인 형태소를 찾아내는 과정으로 자연어 처리의 시작이다. 즉, 문장을 의미 있는 단어로 분해하는 과정이라고 할 수 있다. 예를 들어, "강아지가 깨끗한 우리집에 살아요"라는 문장에서 '강아지', '가', '깨끗한', '우리', '집', '에', '살아요'가 각각 형태소에 해당된다.

형태소 분석을 할 때 언어의 중의성, 고유명사, 신조어 등은 형태소 분석을 어렵게 만들기 때문에 주의해야 한다.

047

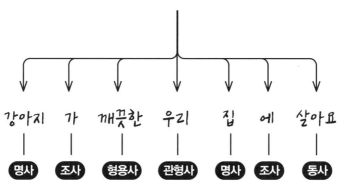

구문 분석

형태소를 찾아낸 이후 품사를 찾는 과정을 구문 분석Syntactic Analysis이라고 한다. 즉, 구문 분석은 주어진 문장의 단어들 사이의 관계와 문장의 구성 요소가 어떻게 연결되어 있는지 파악하는 과정이다.

예를 들어, "강아지가 깨끗한 우리집에 살아요"라는 문장에 대한 구문 분석은 다음과 같다.

048

강아지: 명사

가: 조사

깨끗한: 형용사

우리: 관형사

집: 명사

에: 조사

살아요(살다): 동사

이와 같이 구문 분석을 통해 문장에서 단어들의 의미와 역할을 이해할 수 있다.

다음 중 의미가 올바른 것은?

나는 사과를 먹었다.

사과가 나를 먹었다.

나는 시간을 먹었다.

의미 분석

의미 분석Semantic Analysis은 주어진 문장의 의미를 이해하고 해석하는 과정이다. 예를 들어 "나는 사과를 먹었다"라는 문장이 있다면, 의미 분석을 통해 이 문장이 나타내는 의미를 파악할 수 있다. '나'는 주어로서 이 문장에서 말하는 사람을 나타내고, '사과'는 먹은 것을 나타내는 목적어이다. '먹었다'는 과거 시제의 동사로서 과거에 일어난 일을 나타낸다.

이와 같이 의미 분석은 문장의 구조와 단어들의 의미를 파악하고, 문장이 나타내는 의미를 이해하는 과정이다.

049

문장의 연관관계를 분석하여 그 의미를 파악하는 작업

잘 지내고, <u>언제 밥 한번 먹자.</u>

<u>언제 밥 한번 먹자.</u> 그럼 내일 어때?

화용 분석

화용 분석Pragmatic Analysis은 언어를 사용하는 상황을 이해하는 과정이다. 즉, 말하는 사람이 어떤 상황에서 어떤 말을 하고 있는지, 그 의도가 무엇인지 이해하는 것이다. 예를 들어, "언제 밥 한번 먹자"라는 말을 들었을 때, 그것이 형식적 말인지 진짜 밥을 먹자는 의미인지 등을 파악하는 것이 화용 분석이다.

050

화용 분석을 통해 발화에 내포된 의도와 관련된 정보를 추출하고 그 정보를 기반으로 응답을 생성할 수 있다. 챗GPT가 문맥을 이해하고 사용자의 의도를 파악할 수 있는 것은 화용 분석까지의 과정을 거친 결과이다.

시계열 데이터

시계열 데이터Time Series Data는 시간의 흐름에 따라 일정한 간격으로 수집된 데이터를 의미한다. 시계열 데이터의 특성은 다음과 같다.

(1) 시간적인 흐름에 따라 변화하는 패턴을 확인할 수 있다.

(2) 이전 시간의 값이 다음 시간의 값에 영향을 미친다.

예를 들어 주식 데이터는 주식 가격, 거래량, 시가총액 등의 데이터를 분·초 단위로 시간의 흐름에 따라 기록한 데이터이다. 이러한 데이터가 몇 년에서 몇십 년치 쌓이면 시장의 동향을 분석하고 미래의 가격 움직임을 예측하는 데 사용할 수 있다. 만약 주식의 어느 한 특정 항목이 5년 단위로 상한가를 기록한다고 했을때, 현재가 3년차라면 앞으로 2년 동안 주식 가격이 더 오를 것이라고 예측할 수 있다.

"I love NLP"에 대한 벡터 표현

I: [0.19410000741481718, 0.22603000700473785, −0.4···]
Love: [0.13948999345302582, 0.534529983997345, −0.25···]
NLP: [0.059436000883579254, 0.18411000072956085, −0···]

벡터 표현   벡터 예시

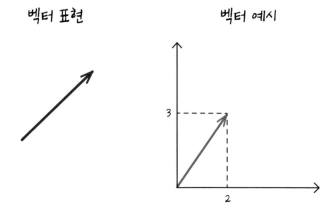

인코딩·벡터

안타깝게도 컴퓨터는 인간의 언어를 이해할 수 없다. 컴퓨터가 이해할 수 있는 것은 이진수(0과 1)뿐이다. 따라서 자연어를 이해할 수 있도록 데이터를 이진수로 변환하는 과정이 인코딩Encoding이다. 이때 이진수는 컴퓨터가 처리할 수 있는 가장 기본적인 데이터 형태이다. 컴퓨터에서 '안녕'이라는 문자를 처리하려면 '안녕'을 이진수로 변환해야 하는 것이다.

그렇다고 자연어 처리 과정에서 인간의 언어가 바로 이진수로 변환되는 것은 아니고 벡터로 변환되는 작업이 필요하다. 즉, 자연어를 벡터Vector로 먼저 변환하고 또다시 이진수로 변환해야 한다. 그럼 벡터에 대해 더 알아보자. 벡터는 숫자의 나열로 화살표로 표현되며 길이와 방향을 가진다. 예를 들어 2차원 공간에서 (2, 3) 벡터는 시작점에서 오른쪽으로 2칸, 위쪽으로 3칸 이동하는 화살표를 나타낸다.

머신러닝에서 벡터는 굉장히 중요하다. 단어를 벡터로 표현하여 각 단어 간의 유사도를 측정할 수 있는데, 이렇게 측정된 유사도를 이용하여 문서 분류나 감성 분석 같은 자연어 처리 문제를 해결할 수 있기 때문이다.

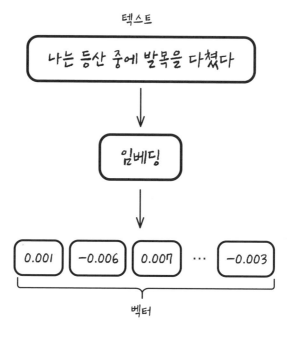

텍스트

나는 등산 중에 발목을 다쳤다

↓

임베딩

↓

0.001 −0.006 0.007 ··· −0.003

벡터

임베딩

임베딩Embedding은 자연어를 벡터로 변환하는 과정이다. 예를 들어 '사과', '배', '포도'와 같은 인간의 언어를 벡터로 변환하는 것이며, 이러한 임베딩 과정은 임베딩 모델을 통해 이루어진다. 대표적인 임베딩 모델로는 Word2Vec, GloVeGlobal Vectors for Word Representation, 버트Bidirectional Encoder Representations from Transformers등이 있다.

임베딩은 인코딩과 역할이 비슷해 보이지만 기능 면에서는 큰 차이가 있다. 인코딩이 단순히 입력 데이터를 컴퓨터가 이해할 수 있는 형태로 변환하는 것이라면, 임베딩은 단어나 문장의 의미를 파악하여 벡터로 표현한다.

053

각도로 유사도 계산   A와 유사도가 높음

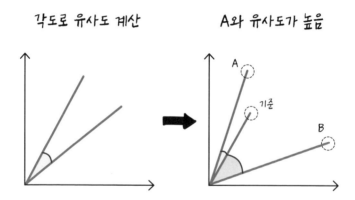

코사인 유사도

단어나 문장의 의미를 파악하여 벡터로 표현하는 것이 임베딩이라면, 단어나 문장의 관련성(유사도)을 이용할 때 사용하는 것이 코사인 유사도Cosine Similarity이다.

코사인 유사도는 두 개의 벡터 간의 유사도를 계산할 때 사용되는데, 두 벡터가 이루는 각이 작을수록 유사도가 높고, 각이 클수록 유사도가 낮다. 이 원리를 이용하면 유사한 단어들을 하나의 묶음으로 관리할 수 있다. 예를 들어 '아름답다', '예쁘다'와 같이 유사한 단어를 같은 묶음으로 관리할 경우, 챗GPT와 같은 모델은 문장을 만들 때마다 동일한 단어가 아닌 유사한 단어들을 이용하여 문장을 만들 수 있다. 한마디로 문장을 만들 때마다 매번 다른 문장을 만들어낸다.

또한 코사인 유사도를 이용하면 데이터 분류 및 추천 서비스 등을 구현할 수 있다.

054

인코딩

디코딩

000111010101001
0010

VS

지금 몇 시야?

디코딩

디코딩Decoding은 인코딩의 반대 개념이다. 인코딩이 자연어를 컴퓨터가 인식할 수 있는 이진수로 변환하는 것이었다면, 디코딩은 다시 인간이 이해할 수 있는 언어로 변환하는 과정이다. 즉, 디코딩은 인코딩된 정보를 원래의 데이터로 복원하는 과정인 셈이다.

인코딩과 디코딩은 자연어 처리 분야에서 중요한 역할을 한다. 대부분의 데이터가 인간의 언어로 구성되었기 때문에 이를 이용한 모델 학습을 위해서는 반드시 인코딩과 디코딩 과정이 필요하다.

055

"나는 사과를 좋아한다"

토큰화

['나는', '사과를', '좋아한다']

형태소

['나', '는', '사과', '를', '좋아하', 'ㄴ다']

토큰·토큰화

토큰Token은 텍스트 데이터에서 의미 있는 최소 단위를 의미한다. 일반적으로 단어 기준으로 분리된다고 이해하면 된다. 예를 들어, '나는 사과를 좋아한다'라는 문장에서 토큰은 '나는', '사과를', '좋아한다'이다. 그리고 문장을 토큰으로 나누는 과정을 토큰화Tokenization라고 한다.

일반적으로 토큰이 단어를 기준으로 분리하는 것이라면 형태소는 단어를 더 작은 의미 단위로 분해한 것이다. 예를 들어, 'dogs'라는 단어는 'dog'와 '-s'로 분리할 수 있다.

056

토큰은 챗GPT에서 중요한 역할을 한다. 과금 단위(1,000 토큰당 0.002센트)이면서도 입력과 출력에 사용되는 문장 길이에 제약을 준다. 챗GPT의 경우 입력과 출력을 포함하여 4,096 토큰으로 제한되어 있다. 참고로 오픈AI는 모델에 따라 토큰 제한을 다르게 서비스하고 있다.

문서

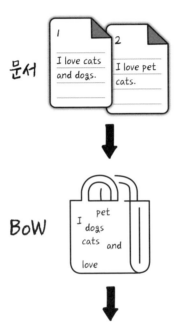

BoW

'I', 'love', 'cats', 'and', 'dogs', 'pet'

doc_1: [1, 1, 1, 1, 1, 0]
doc_2: [1, 1, 1, 0, 0, 1]

BoW

BoW_{Bag of Words}는 문서 내의 단어의 순서나 문맥을 고려하지 않고, 단순히 단어의 출현 빈도에 기반하여 문서를 벡터로 표현한다. 예를 들어, 다음과 같은 두 개의 문서가 있다고 가정해보자.

  doc_1: "I love cats and dogs."
  doc_2: "I love pet cats."

이제 문서를 단어로 나누고 각 단어의 빈도를 계산한 후 벡터 형태로 표현한다. 이렇게 생성된 벡터는 각각 'doc_1', 'doc_2'의 특징을 담고 있다.

  'I', 'love', 'cats', 'and', 'dogs', 'pet'
  doc_1: [1, 1, 1, 1, 1, 0]
  doc_2: [1, 1, 1, 0, 0, 1]

이와 같이 BoW를 사용하면 문서 간 유사도를 계산할 수 있다.

057

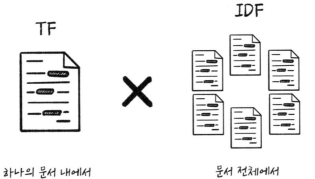

TF   IDF

하나의 문서 내에서
등장하는 단어의 횟수

문서 전체에서
단어가 얼마나 희귀하게
등장하는지에 대한 수치

TF-IDF

TF-IDF는 단어의 빈도 정보만을 고려하여 문서의 유사도를 계산하는 BoW 기법의 한계를 보완하기 위해 사용되는 자연어 처리 기법이다. 예를 들어, 다음과 같은 두 개의 문서가 있다고 가정해보자.

doc_1: "I love cats and dogs."

doc_2: "I love pet cats."

먼저, 각 문서에서 각 단어의 등장 빈도를 계산한다.

doc_1: {"I": 1, "love": 1, "cats": 1, "and": 1, "dogs": 1}

다음으로, 전체 문서에서 각 단어가 얼마나 희귀하게 등장하는지 계산한다. 이것은 단어가 나타나는 문서의 수 대비 전체 문서의 수의 비율에 대한 로그$\log$ 값을 사용한다.

"I": 2 (doc_1, doc_2에서 등장) ⋯ $\log(2/2)$ (전체 2개 문서에서 I가 2번 등장)

마지막으로, 각 단어의 TF와 IDF를 곱하여 TF-IDF 결과를 도출한다. BoW와는 다르게 단어의 등장 빈도뿐만 아니라 단어의 중요도도 고려하기 때문에 유사도 검출 측면에서 우수한 성능을 보여준다.

058

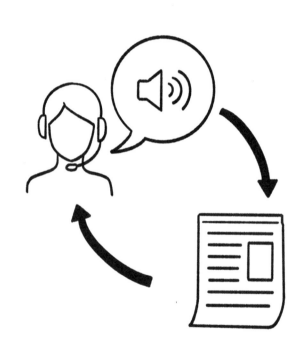

STT·TTS

STTSpeech to Text와 TTSText to Speech는 음성 인식과 관련된 기술로, 주로 AICCAI Contact Center(일반적으로 AI 콜센터라는 의미로 불린다)라는 분야에서 많이 사용된다.

STT는 음성 데이터를 텍스트로 변환하는 기술이다. 상담원이 고객과 통화했던 음성 데이터를 텍스트로 변환할 때 사용할 수 있다. 반면에 TTS는 텍스트를 음성으로 변환하는 기술이다. STT·TTS의 대표적인 서비스로는 아마존의 알렉사, 애플의 시리, KT의 기가지니 등이 있다.

059

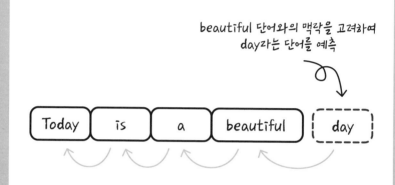

beautiful 단어와의 맥락을 고려하여
day라는 단어를 예측

순환 신경망

순환 신경망Recurrent Neural Network은 인공신경망의 일종으로, 시계열 데이터를 처리하는 데 주로 사용된다. 즉, 순환 신경망은 시간상 이전 데이터와 현재 데이터를 함께 처리하고 그 상태를 기억한 후 다음 상태를 예측한다.

가장 대표적인 활용이 번역이다. 예를 들어, "The cat is black"이라는 문장이 있다고 가정해보자. 가장 먼저 문장을 'The', 'cat', 'is', 'black' 단어 단위로 나눈다. 이제 순환 신경망은 'The'라는 단어를 입력으로 받아서 이를 한국어에 해당하는 단어로 변환한다. 다음으로 'cat'을 처리하면서 'The'와의 맥락을 고려한다. 이 과정이 문장의 끝까지 반복되며 최종적으로 완성된 한국어 문장은 "그 고양이는 검은색입니다"가 된다.

060

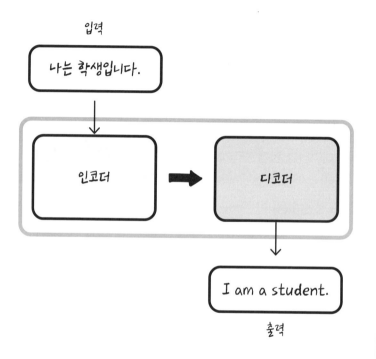

트랜스포머

트랜스포머Transformer는 딥러닝의 일종인 인코더-디코더Encoder-Decoder 구조를 사용한 모델이다. 자연어 처리 분야에서 좋은 성능을 발휘하며, 특히 번역 분야에서 많이 사용되고 있다.

인코더에서는 입력 데이터에서 정보를 추출하고, 디코더에서는 인코더에서 추출한 정보를 이용하여 출력 문장을 생성하기 때문에 문장 요약이나 문장 생성 용도로 사용된다. 챗GPT 역시 그 기반은 트랜스포머이다.

예를 들어, "눈부신 푸른 하늘"이라는 한글을 "dazzling blue sky"라는 영어로 번역하고자 할 때 트랜스포머를 이용하면 다음과 같다. 먼저 '눈부신 푸른 하늘' 문장을 인코딩 과정을 거쳐 문맥 정보를 추출한다. 이후 디코딩 과정에서 'dazzling'이라는 단어를 시작으로 다음에 올 단어인 'blue'와 'sky'를 출력하여 "dazzling blue sky"를 최종적으로 번역하게 된다. 트랜스포머가 각광받은 이유는 그 이전까지의 모델에서는 단어 하나씩을 번역했었다면, 트랜스포머는 문장 전체를 이해하고 번역하기 때문에 자연어 처리가 더 자연스러워졌다는 것에 있다.

061

나는 어제 가족들과 캠핑을 갔다가 감기에 걸렸다.

집중(어텐션)

어텐션

어텐션Attention은 모델이 입력 데이터의 특정 부분에 '집중'하고, 그 부분을 더 중요하게 취급하는 기술이다. 예를 들어, "나는 어제 가족들과 캠핑을 갔다가 감기에 걸렸다"라는 문장이 있다고 해보자. 여기서 중요한 것은 어제 캠핑을 누구와 함께 갔는지보다는 현재 '감기'에 걸렸다는 것이다. 따라서 '감기'라는 단어를 더 집중하여 살펴보는 것이 어텐션이다.

정리해보면, 어텐션은 모델이 입력 데이터를 처리하는 동안 "어떤 부분이 더 중요한가?"를 결정하는 도구이다. 이것은 모델이 주의를 기울여야 할 부분을 선택하고, 해당 부분을 더 잘 처리하도록 돕는다.

062

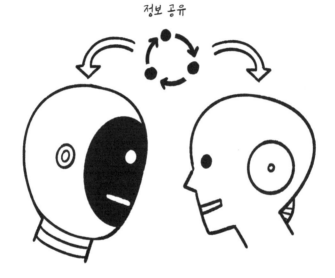
정보 공유

전이학습

전이학습Transfer Learning은 머신러닝에서 이미 특정 문제에 대해 학습된 모델을 새로운 문제에 적용하는 기법이다. 예를 들어, 어떤 모델이 고양이와 개를 구분하는 방법을 이미 배웠다고 해보자. 이제 이 모델을 여우와 늑대를 구분하는 새로운 문제에 적용하려고 한다. 원래는 모델이 여우와 늑대를 구분하기 위해 여우와 늑대 이미지 수천 장을 학습해야 한다. 하지만 전이학습에서는 고양이와 개를 구분하는 데 사용된 모델을 여우와 늑대를 구분하는 데 재사용한다. 이렇게 하면 처음부터 모델을 훈련시키는 것보다 더 적은 데이터와 시간으로 새로운 문제에 대해 효과적으로 학습할 수 있다.

이처럼 전이학습은 이미 학습된 모델이 비슷한 종류의 문제를 더 빠르고 효과적으로 해결할 수 있도록 도와준다.

감성 분석

감성 분석은 주어진 텍스트나 음성 데이터에서 긍정·부정 같은 감정 정보를 추출하는 기술이다. 온라인 쇼핑몰에서 상품을 구매한 후 리뷰를 작성하는 경우가 있다. 이때, 리뷰를 분석하여 상품에 대한 긍정·부정 반응을 알아내는 것이 감성 분석이다.

감성 분석을 위해서는 먼저 사용자 리뷰 데이터를 크롤링으로 수집하여 벡터화한다. 이후 해당 데이터로 학습시킨 모델의 결과를 확인한다. 이때 결과란 리뷰 데이터가 긍정적인지 부정적인지 분류하는 것을 의미한다.

비슷한 맥락에서 영화 평론가나 일반 관객들이 작성한 리뷰로 감성 분석을 수행하면 해당 작품에 대한 대중의 반응을 알아낼 수 있다. 영화 제작사나 음반 제작사는 이를 통해 작품의 개선 방안을 찾거나 마케팅 전략을 세울 수 있다.

064

콘텐츠 기반 필터링

콘텐츠 기반 필터링Content-based Filtering은 사용자가 이전에 선호한 콘텐츠를 분석하여 그와 유사한 새로운 콘텐츠를 추천하는 기술이다. 이 기술을 이용해서 개인별 맞춤형 제품을 추천해줄 수 있다. 예를 들어, 사용자가 이전에 좋아했던 영화들이 로맨틱 코미디 장르의 영화였다면 다양한 영화 중 '로맨틱 코미디'라는 속성을 추출하여 추천해준다.

우리가 자주 이용하는 유튜브도 이와 유사하다. 개인이 관심을 가질 만한 콘텐츠를 지속적으로 추천해주기 때문에 한번 유튜브에 접속하면 시간 가는 줄 모르고 보게 된다. 하지만 콘텐츠 기반 필터링이 추천해주는 것만 접하게 되면 편협한 정보를 습득하게 되므로 주의해야 한다.

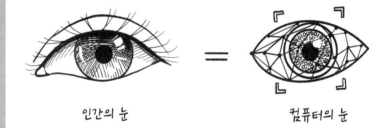

인간의 눈 = 컴퓨터의 눈

컴퓨터 비전

컴퓨터 비전Computer Vision은 인간의 신체 중 눈에 해당하는 기능을 한다.
즉, 인간이 사물을 인식하는 과정을 컴퓨터에서도 동일하게 처리할 수 있
도록 구현하는 분야이다. 물론 단순히 보는 것에서 끝나는 것이 아니라 이
미지나 비디오에서 중요한 패턴이나 특징을 추출하는 과정도 포함된다.
예를 들어, 자율 주행차는 카메라를 사용하여 주변 환경에 대한 이미지를
얻는다. 이후 컴퓨터 비전을 이용하여 이미지로부터 중요한 정보를 추출
하고 해석하여 차선 유지, 충돌 회피 등의 판단을 내릴 수 있다.

066

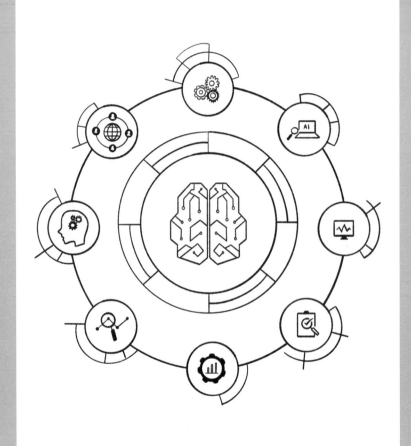

비전 AI

비전 AIVision AI는 이미지와 비디오 데이터에서 의미 있는 정보를 추출할 때 사용하는 인공지능 기술이다. 비전 AI는 딥러닝 알고리즘과 컴퓨터 비전 기술을 활용하여, 객체 인식·이미지 분할·특징 추출·모션 추적 등 다양한 작업을 수행할 수 있다.

비전 AI가 컴퓨터 비전과 비슷한 의미로 받아들여질 수 있는데, 컴퓨터 비전은 넓은 의미에서 시각적 데이터를 처리하고 이해하는 전반적인 기술을 포함한다면, 비전 AI는 특히 인공지능과 머신러닝을 사용하여 시각적 데이터를 분석하고 해석하는 데 초점을 맞춘 분야이다. 즉, 컴퓨터 비전이 좀 더 포괄적인 의미를 담고 있는 셈이다.

인공지능을 이용한 시각적 데이터 분석에 초점이 맞춰진 비전 AI는 의료 영상을 분석하거나 CCTV에서 위험한 상황을 감지하는 등 다양한 분야에서 활용이 가능하다.

067

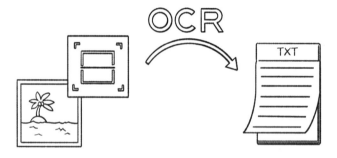

OCR

OCROptical Character Recognition은 이미지나 스캔한 문서에서 텍스트를 인식·추출하는 기술이다. 대체로 PDF 파일에서 텍스트를 추출하고자 할 때 많이 사용한다. OCR은 은행이나 병원, 출판 등에서 인쇄된 문서를 디지털로 변환한 후 정보를 추출하는 데 사용할 수 있다. 예를 들어, 병원에서는 환자의 의료 기록이나 처방전을 스캔하여 디지털 데이터로 저장한 후 의사나 간호사가 쉽게 열람할 수 있는 용도로 사용할 수 있다. (현재는 컴퓨터로 의료 기록을 남기지만 과거에는 종이를 사용했다)

한때 OCR 기술로는 정확한 정보 추출이 어렵다고 했지만 지금은 다양한 글꼴, 언어, 심지어 필기체까지 인식할 수 있도록 크게 발전했다.

068

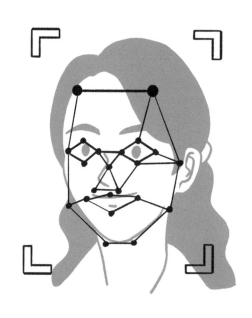

안면 인식

안면 인식Face Recognition은 얼굴 이미지를 분석하여 해당 인물의 신원을 파악하는 기술을 말한다. 이를 위해서는 이미지에서 얼굴 부분을 인식하고 얼굴의 특징을 추출하는 과정이 필요하다.

예를 들어, 스마트폰에서의 얼굴 인식은 사용자가 스마트폰을 잠금 해제할 때 사용된다. 이때 안면 인식 기술은 다음과 같은 과정을 거친다.

(1) 전면 카메라를 통해 사용자의 얼굴을 인식하고 특징을 추출하여 카메라에 저장한다.

(2) 잠금 해제를 할 때마다 사용자의 얼굴에서 추출한 특징과 저장된 특징을 비교한다.

(3) 비교한 결과가 동일하면 잠금을 해제한다.

또한 범죄자 검거나 수사에도 안면 인식 기술이 사용된다. CCTV 카메라를 통해 촬영된 범죄자의 얼굴 정보를 분석하여 범죄자의 신원을 파악하고 검거하는 데 활용할 수 있다.

069

강아지가 공을 물고 놀고 있습니다.

이미지 캡셔닝

이미지 캡셔닝Image Captioning은 컴퓨터 비전 및 자연어 처리 기술의 결합으로 이미지의 시각적 내용을 인간의 언어로 설명하는 기술이다.

만약 강아지가 공을 물고 놀고 있는 이미지가 주어졌다면 이미지 캡셔닝 모델은 이미지 내의 강아지와 공을 인식하고, "강아지가 공을 물고 놀고 있습니다"와 같은 문장을 생성한다. 이를 위해서는 먼저 이미지 내의 객체(강아지와 공), 색상, 위치 등의 시각적 정보를 추출하여 분석한 후 이를 문장으로 표현한다.

따라서 이미지 캡셔닝은 의료 영상 분석, 자율주행차, 스마트 홈˚ 등 다양한 분야에서 활용될 수 있다. 스마트 홈에서 이미지 캡셔닝 기술을 사용한다면 CCTV 이미지를 분석하여, "문 앞에 사람이 있습니다"와 같은 경고 메시지를 생성하여 주택을 안전하게 보호할 수 있을 것이다.

070

˚ 인터넷 연결 기술과 인공지능 기술을 이용하여 가정 내의 다양한 전자제품과 시스템을 자동화하고 제어하는 주거 형태.

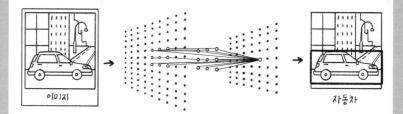

이미지   자동차

합성곱 신경망

합성곱 신경망Convolutional Neural Network은 이미지, 비디오와 같은 데이터를 처리하기 위한 인공신경망이다. 합성곱 신경망을 이용하면 이미지 혹은 영상에서 사물을 인식할 수 있다.

손으로 쓴 숫자를 인식해야 하는 문제가 있다고 해보자. 0부터 9까지의 손글씨 숫자가 적힌 이미지를 학습 데이터로 이용하면 합성곱 신경망은 이를 처리하여 숫자를 인식한다. 즉, 합성곱 신경망의 첫 번째 계층에서는 입력 이미지의 선이나 모서리와 같은 간단한 특징을 추출하고, 두 번째 계층에서는 이러한 간단한 특징을 기반으로 더 복잡한 특징을 추출한다. 마지막으로, 출력층에서는 추출된 특징을 사용하여 숫자를 예측한다.

071

이와 같이 합성곱 신경망은 계층을 지나갈수록 입력 데이터를 점차적으로 추상화하면서 분류하는 방식으로 작동한다. 이를 통해 이미지 분류·객체 검출·이미지 분할 등 다양한 컴퓨터 비전 분야에서 사용되고 있다.

객체 검출

객체 검출Object Detection은 이미지나 동영상 속에서 특정한 객체(사물)의 위치와 종류, 크기를 찾아내는 기술이다. 고양이와 강아지를 구분하는 문제가 있다고 가정해보자. 이때 객체 검출 기술을 활용하면 이미지 속의 사물이 고양이인지 강아지인지 구분할 수 있을 뿐만 아니라 구체적인 사물의 위치까지 찾아낼 수 있다.

특히 자율주행차에 객체 검출을 이용하면 어느 위치에 사람이 있는지 확인하여 속도를 줄이거나 핸들을 조정하는 등의 조작이 가능하다. 진정한 자율주행차로의 진화를 위해 반드시 필요한 기술이라 할 수 있다.

072

정상 　　　　　　　　　 암 　　　　　　　　　 암

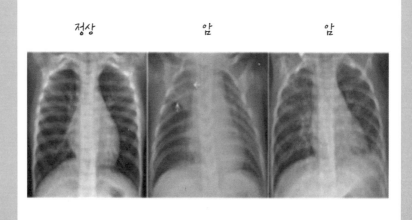

이미지 분류

이미지 분류Image Classification는 이미지를 입력받아 해당 이미지가 어떤 종류에 속하는지를 분류하는 기술이다. 예를 들면, 의료 영상을 분석하여 암으로 의심되는 환자인지 아닌지를 구별할 수 있다. 또한 제조 과정에서 부품이 정상인지 불량품인지도 판별하는 데 적용할 수 있다.

이미지 분류를 이용하면 사람이 세심히 관찰해야 하는 상황을 컴퓨터가 자동으로 분류해주기 때문에 사람의 실수를 줄일 수 있다.

073

경로 추적

객체 추적

객체 추적Object Tracking은 동영상에서 특정 객체를 지속적으로 인식하고 그 위치를 추적하는 기술이다. 이를 통해 동영상에서 움직이는 객체를 자동으로 추적하고, 객체의 경로를 파악할 수 있다.

자율주행차의 경우 주변 차량이나 보행자 등의 움직임을 추적하고자 할 때 객체 추적 기술이 활용된다. 의료 영상에서는 특정 장기나 조직의 움직임을 추적하여 진단이나 치료 계획에 중요한 정보를 제공하기도 한다. 또한 경기 중 선수들의 움직임을 추적하여 팀 전략, 선수의 경기력, 경기 패턴 등을 분석하는 데에도 사용할 수 있다.

074

이미지 분할

이미지 분할Image Segmentation은 하나의 이미지를 작은 영역으로 분할하여 이미지 내의 개별적인 객체를 인식하거나 이미지를 보다 쉽게 이해하는 기술이다. 또한 한 장의 사진에서 사람과 배경을 분할하여 따로 추출하는 것이 가능하다.

예를 들어, 자율주행차에서 카메라로 촬영한 도로 이미지에서 차선을 인식하기 위해 이미지 분할 기술을 활용할 수 있다. 이미지 분할을 통해 차선 영역을 추출한 후 딥러닝 모델에 적용하여 차선을 인식하는 것이다. 또한 의료 분야에서는 CT나 MRI 이미지에서 종양 등의 병변 부위를 검출하기 위해 이미지 분할 기술이 활용될 수 있다.

075

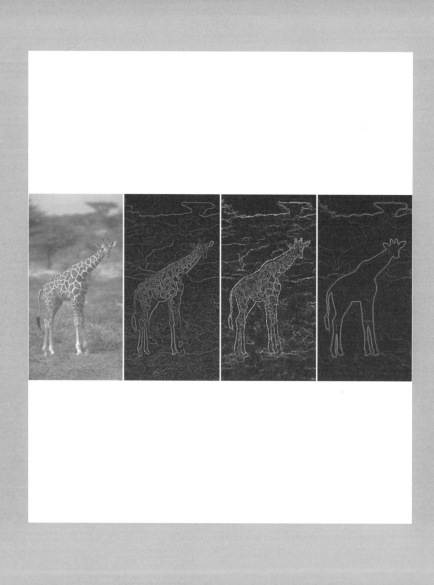

경계 감지

경계 감지Boundary Detection는 주어진 이미지에서 물체의 경계를 찾아내는 기술이다. 엣지 검출Edge Detection이라고도 불리며, 이미지의 밝기나 색상 값의 변화를 이용하여 객체의 윤곽을 찾는다. 경계 감지는 앞에서 언급했던 객체 인식·객체 추적·이미지 분할 등 다양한 컴퓨터 비전 기술에서 활용된다.

예를 들어, 자동차의 번호판을 인식하기 위해서는 먼저 이미지에서 번호판의 경계를 찾아야 한다. 이를 위해 경계 감지 기술을 적용하여 번호판 경계를 검출하고 그 후에는 문자 인식 기술을 적용하여 번호판에 적힌 숫자와 문자를 인식할 수 있다.

076

거대 언어 모델 $=$ 대규모 데이터셋으로 학습

예시 GPT, 챗GPT, 버트, 제미나이

거대 언어 모델

거대 언어 모델Large Language Model은 수십억 개의 파라미터와 대용량의 데이터셋을 이용한 딥러닝 기반의 언어 모델이다. 대표적인 거대 언어 모델로는 오픈AI사의 GPTGenerative Pre-trained Transformer 시리즈와 구글의 버트, 제미나이가 있다. 이러한 모델은 파라미터의 크기가 이전 모델보다 크고 더 많은 데이터로 학습되었다. 이를 통해 이전의 자연어 처리 모델보다 더 자연스러운 문장 생성, 질문에 대한 정확한 답변, 다양한 언어 간 번역 등을 구현할 수 있게 되었다.

하지만 거대 언어 모델은 매우 복잡하고 계산 비용이 높은 모델이기 때문에 이를 구현하고 학습하는 데에는 GPU 같은 하드웨어 자원이 많이 필요하다. 오픈AI는 마이크로소프트로부터 투자를 받아 GPT라는 모델을 개발할 수 있었다.

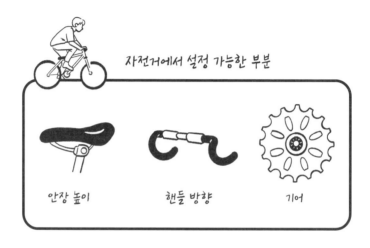

077

자전거에서 설정 가능한 부분

안장 높이   핸들 방향   기어

파라미터

파라미터

파라미터Parameter는 데이터를 학습하고 예측을 수행하는 데 사용되는 변수이다. 변수는 값이 정해져 있지 않고 필요에 따라 변경이 가능하다. 예를 들어 자전거의 경우 안장 높이, 핸들 방향, 기어는 필요에 따라 설정을 변경할 수 있다. 머신러닝에서는 가중치와 편향이 대표적인 파라미터에 해당된다. 이 값들은 처음에는 무작위로 설정되며 모델이 학습하는 과정에서 조정된다. 이렇게 조정된 파라미터는 모델이 데이터를 더 잘 이해하고 정확한 결과를 예측할 수 있도록 도와준다. 따라서 파라미터의 개수와 그 값의 설정은 모델의 성능에 큰 영향을 미친다. 일반적으로 파라미터의 개수가 많을수록 텍스트 생성 및 처리가 더 자연스럽다.

078

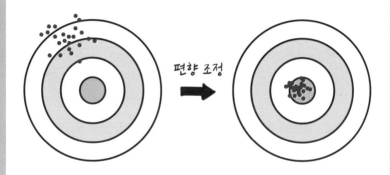

편향 조정

편향

편향Bias은 학습의 '기본값'과도 같다. 활을 쏘는 상황을 가정해보자. 처음에는 과녁을 맞추기 위해 활을 조준하는 것이 쉽지 않을 수 있다. 따라서 계속해서 조준을 보정하는 작업이 필요하다. 만약 몇 발의 화살을 쐈을 때 모든 화살이 왼쪽 위로 향하고 있다면, 다음 번에는 조금 오른쪽 아래로 조준해야 한다. 이렇게 하면 왼쪽 위로 편향되어 있는 과녁의 방향을 보정할 수 있다. 머신러닝에서도 편향은 모델이 예측하는 결과를 조금 더 정확하게 보정하도록 돕는 요소이다.

079

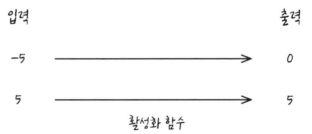

입력   출력

-5 ⟶   0

5 ⟶   5

활성화 함수

활성화 함수

활성화 함수Activation Function는 정보를 다음 계층으로 어떤 형태로 전달할지 결정한다. 게임 상황을 가정해보자. 캐릭터가 평소에는 일반 공격만 가능하지만 '마법의 검'을 얻었을 때는 공격력이 크게 증가하는데, 이때 '마법의 검'이 활성화 함수의 역할과 유사하다.

구체적으로 활성화 함수는 음수(–5) 입력을 받으면 0을 출력하고(능력을 발휘하지 않음), 양수(5) 입력을 받으면 그 입력값을 그대로 출력하는(능력을 발휘함) 형태로 다음 계층으로 전달할 정보의 형태를 결정한다.

활성화 함수로 사용되는 것으로는 시그모이드Sigmoid, 렐루Rectified Linear Unit, ReLU, 리키 렐루Leaky ReLU 등이 있다.

080

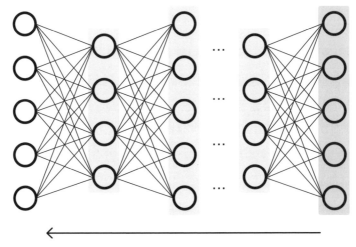

은닉층이 많을 수록 역전파 과정에서
학습이 잘 되지 않음

기울기 소멸 문제

기울기 소멸 문제|Gradient Vanishing Problem 문제는 딥러닝 모델 학습 과정에서 발생하는 문제 중 하나이다. 주로 은닉층이 많은 다층 퍼셉트론에서 발생하는데, 은닉층을 많이 거칠수록 학습이 되지 않는 현상을 말한다. 이것은 마치 메아리가 멀리 울려퍼질수록 점점 약해지는 현상과 비슷하다.

신경망은 역전파 과정에서 오차를 줄이기 위한 학습을 한다. 하지만, 신경망에 은닉층이 매우 많으면 이 오차가 시작점에서 멀어질수록 학습 효과가 점점 약해진다.

결과적으로 신경망의 앞부분(입력층과 가까운 부분)은 오차를 줄이기 위한 신호를 충분히 받지 못하게 되어, 이 부분의 학습이 잘 이루어지지 않는다. 이것이 바로 기울기 소멸 문제이다.

081

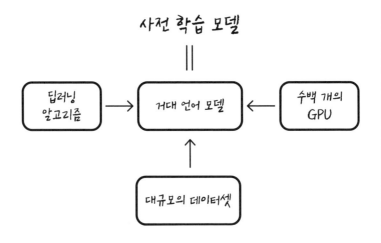

사전 학습 모델

사전 학습Pre-trained 모델 역시 이미지나 텍스트와 같은 데이터를 분류하거나 처리하는 인공지능 모델이다. 단지 이 모델은 대규모의 데이터셋으로 누군가에 의해 미리 학습되었다는 것만 다를 뿐이다. 즉, 우리는 알고리즘과 데이터셋으로 모델을 새롭게 만드는 것이 아니라 누군가 잘 만들어 놓은 사전 학습 모델을 가져다가 사용하기만 하면 된다. 우리가 직접 모델을 만드는 것보다 시간과 비용은 절약하면서도 손쉽게 사용할 수 있다는 장점은 있지만 누군가 만들어놓은 모델을 가져다 사용하기 때문에 비용을 지불해야 한다는 단점도 있다. (물론 무료로 사용할 수 있는 오픈소스도 있다) 사전 학습의 대표적인 모델로는 챗GPT가 있다. 현재 챗GPT의 경우 1,000토큰당 입력 0.0015, 출력 0.002달러를 받고 있다.

생성형 인공지능을 대표하는 모델로는 챗GPT, 달리가 있다. 이러한 생성형 인공지능을 이용하면 예술 작품, 문장 생성, 게임 캐릭터 등을 손쉽게 만들 수 있다. 하지만 간혹 사실이 아닌 문장을 만들어내는 경우도 있기 때문에 주의해서 사용해야 한다. 또한, 이러한 기술을 사용하는 과정에서 저작권 및 사생활 침해 같은 윤리적인 문제도 고려해야 한다.

```python
num_skipped = 0
for folder_name in ("Cat", "Dog"):
    folder_path = os.path.join("PetImages", folder_name)
    for fname in os.listdir(folder_path):
        fpath = os.path.join(folder_path, fname)
```

생성형 인공지능

생성형 인공지능

생성형 인공지능Generative AI은 인간처럼 창조적인 작업을 수행할 수 있는 인공지능이다. 창조적인 작업이라 하면 곡이나 글을 쓰거나 그림을 그리는 것 등을 의미하는데 이러한 일들을 컴퓨터 스스로 할 수 있는 것이 생성형 인공지능이다.

생성형 인공지능을 대표하는 모델로는 챗GPT, 달리가 있다. 이러한 생성형 인공지능을 이용하면 예술 작품, 문장, 게임 캐릭터 등을 손쉽게 만들 수 있다. 하지만 간혹 사실이 아닌 문장을 만들어내는 경우도 있기 때문에 주의해서 사용해야 한다. 또한 이러한 기술을 사용하는 과정에서 저작권 및 사생활 침해 같은 윤리적인 문제도 고려해야 한다.

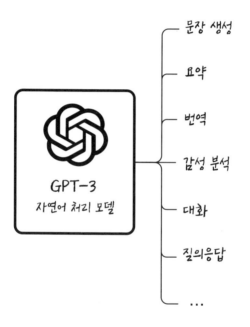

GPT-3

GPT-3 Generative Pre-trained Transformer는 오픈AI에서 개발한 거대 언어 모델이다. GPT-3 모델을 학습시키기 위해 웹 사이트·문서·뉴스 기사 등 다양한 곳에서 수집한 데이터가 45TB이다. 또한 파라미터의 개수는 1,750억 개로써 GPT-2보다 약 116배나 큰 규모이다.

챗GPT가 GPT-3.5의 또다른 이름이니 GPT-3는 챗GPT 이전의 모델이다. 즉, 발전 순서에 따라 나열하면 GPT-3, 챗GPT, GPT-4가 된다. GPT-3 역시 자연어 처리 분야에서 매우 뛰어난 성능을 보이며 문장 생성·질의응답·요약·번역 등 다양한 분야에서 활용될 수 있다.

084

OpenAI
GPT

Google
버트

VS

구글 버트

구글 버트는 GPT와 유사한 생성형 인공지능 모델이다. 또한 사전 학습 모델이자 구글에서 대량의 데이터를 이용하여 학습시켜놓은 모델이기도 하다. 따라서 인간의 언어인 자연어를 처리하는 분야에서는 GPT와 함께 버트를 사용할 수 있다.

하지만 버트는 GPT와는 다른 방식으로 학습을 했다. GPT가 문장의 왼쪽에서 오른쪽 방향으로 학습을 진행했다면 버트는 문장의 왼쪽에서 오른쪽으로, 그리고 또다시 오른쪽에서 왼쪽으로 학습을 진행하기 때문에 문맥 파악에 있어 뛰어난 모델이라고 할 수 있다.

085

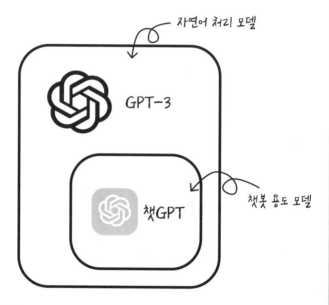

자연어 처리 모델

GPT-3

챗GPT

챗봇 용도 모델

챗GPT QR코드

챗GPT

챗GPT는 대화 기반의 생성형 언어 모델이다. 특히 챗GPT는 GPT-3와는 다르게 챗봇 용도에 특화되었다. 즉, 챗GPT는 챗봇 용도의 앱을 위해 만들어졌으며, GPT-3는 더 범용적이고 광범위한 작업에 사용될 수 있다. 챗GPT와 GPT-3의 가장 큰 차이는 모델 파라미터의 크기이다. GPT-3의 경우 1,750억 개의 파라미터를 사용했지만 챗GPT의 경우에는 15억 개 정도만 사용되었다. 그만큼 챗GPT가 GPT-3에 비해 작은 모델로 출시되었기 때문에 비용적인 측면에서도 저렴하다. 또한 챗GPT는 2021년 9월까지의 데이터로만 학습되었기 때문에 최근 사회적 이슈에 대해 질문하면 답변하지 못한다. 챗GPT가 무엇인지, 어떻게 사용하는지를 홍보하기 위해 오픈AI사가 URL을 무료로 공개했기 때문에 직접 체험해볼 수 있다. 본문의 QR코드를 이용해보자.

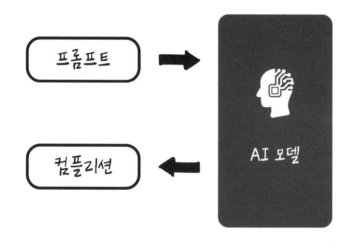

프롬프트·컴플리션

챗GPT는 사용자와 대화형으로 질문을 주고받는 데 특화되어 있다. 즉, 사용자가 질문을 하면 챗GPT는 이를 이해하고 그에 대한 답변을 생성한다. 이때 사용자의 질문을 프롬프트Prompt라고 하며 챗GPT가 주는 답변을 컴플리션Completion이라고 한다.

챗GPT를 잘 사용하기 위해서는 정확하고 상세하게 질문하는 것이 필요하다. 단순히 "인공지능이 뭐야?"라는 질문보다는 "인공지능 기술은 무엇이고 우리의 삶에 어떤 영향을 미칠 수 있을까?"와 같이 질문이 구체적이면 구체적일수록 원하는 답변을 받을 확률이 높다. 그래서 질문을 잘할 수 있도록 돕는 '프롬프트 엔지니어'라는 새로운 직업에 관한 이야기가 심심치 않게 들린다.

087

구글 바드

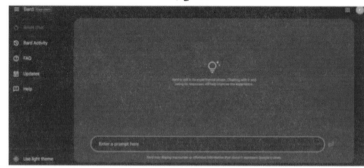

챗GPT

구글 바드

구글 바드Bard는 챗GPT에 대항하기 위해 구글에서 내놓은 챗봇 서비스이다. 이 챗봇 서비스는 언어 모델은 아니고, 언어 모델을 사용하고 있다. 챗GPT와 같이 챗봇 형태로 사용자의 질문에 사실 기반의 창의적 답변을 해준다. 바드는 영어 다음으로 한국어를 지원하면서 대한민국 사용자를 공략하고 있다. 특히 학습하지 않은 질문을 받았을 경우, 챗GPT가 모른다는 답변을 했다면 바드는 구글의 강력한 검색 엔진과 연동되어 관련 검색 결과를 보여준다.

검색 결과와 연동된 챗봇 서비스로는 마이크로소프트사의 빙 챗도 있다. 다양한 서비스가 있으니 가장 편리한 것을 사용하면 된다.

088

GPT-3

GPT-4

- 파라미터 170조 개
- 멀티모달

GPT-4

GPT-4는 챗GPT의 다음 버전 모델이다. 170조 개의 파라미터를 사용했기 때문에 더 풍부한 지식과 고도의 문제 해결 능력을 갖췄으며, 챗GPT보다 더 뛰어난 답변이 가능하다. 뿐만 아니라 GPT-4는 챗GPT와는 다르게 텍스트 외에도 이미지를 입력으로 받아들이는 멀티모달을 지원한다. 하지만 GPT-4 역시 챗GPT와 마찬가지로 2021년 9월까지의 데이터로만 학습된 모델이다. 참고로 최근 발표된 GPT-4 터보Turbo 모델은 2023년 4월까지 학습했기 때문에 비교적 최근 사건에 대한 답변이 가능하다.

제미나이

생성형 인공지능 분야의 경쟁이 치열하다. 구글은 2023년 12월 7일 생성형 인공지능인 제미나이Gemini를 발표했다. 제미나이는 오픈AI의 GPT-4에 대항하기 위한 모델로서 구글 딥마인드, 구글 리서치 등 구글 조직 전반에 걸친 협업의 결과이다.

제미나이는 모델 규모에 따라 세 가지 버전으로 제공된다.

제미나이 울트라 Gemini Ultra: 가장 규모가 큰 모델로서 이미지, 오디오, 비디오 및 수학적 추론에 뛰어난 성능을 보인다.

제미나이 프로 Gemini Pro: 일반적인 텍스트 처리 및 간단한 코드 생성 등을 처리할 때 사용한다.

제미나이 나노 Gemini Nano: 가장 가벼운 모델로 모바일에서 간단한 번역, 이미지 인식 등을 처리하는 용도로 사용한다.

특히 제미나이는 텍스트, 오디오, 이미지, 동영상 등 다양한 유형의 정보를 처리할 수 있도록 만들어진 모델로써 다양한 분야에서 활용이 가능하다.

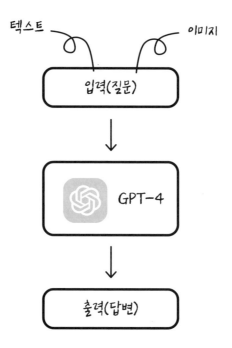

멀티모달

멀티모달Multimodal이란 텍스트, 이미지, 음성, 동영상 등 다양한 형식의 정보를 결합하여 사용자에게 보다 풍부한 경험을 제공하는 것을 의미한다. 챗GPT 언어 모델은 텍스트만 입력할 수 있다. 결과 역시 텍스트로 보여주는데, GPT-4 멀티모달을 사용하면 텍스트 외에도 이미지나 음성 등을 사용할 수 있다.

예를 들어, 인공지능 스피커에 "오늘 날씨에 대해 알려줘"라고 물어보면 "오늘은 비가 올 예정입니다"라는 텍스트 기반의 음성으로 답변을 한다. 이 정보가 이미지나 그래프 형태로 표시되면 더 효과적일 것이다. 멀티모달은 음성 명령을 받아들이고 이를 텍스트로 이해한 후 이미지나 그래프를 사용자에게 보여줄 수 있다.

091

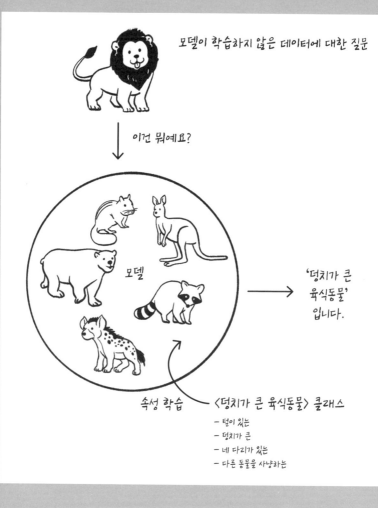

모델이 학습하지 않은 데이터에 대한 질문

이건 뭐예요?

모델

'덩치가 큰
육식동물'
입니다.

속성 학습

〈덩치가 큰 육식동물〉 클래스

- 털이 있는
- 덩치가 큰
- 네 다리가 있는
- 다른 동물을 사냥하는

제로샷 러닝

제로샷 러닝Zero-shot Learning은 사전 학습된 모델이 추가 학습을 하지 않아도 데이터를 잘 분류할 수 있는 기술이다. 모델이 학습하지 않은 '사자', '호랑이'를 분류하는 상황을 가정해보자. 모델이 학습하지 않았던 데이터(동물)도 잘 분류하기 위해서는 각 클래스를 설명하는 속성을 학습시키는 것이 중요하다. 사자와 호랑이가 '덩치가 큰 육식동물'이라는 전제하에, 이 클래스에 대해 '털이 있는', '덩치가 큰', '네 다리가 있는', '다른 동물을 사냥하는' 등의 속성 정보로 모델을 학습시킨다. 그러면 모델은 호랑이와 사자를 직접적으로 학습하지는 않았지만 속성들을 이용해서 이 동물들을 예측할 수 있다. 즉, 제로샷 러닝은 새로운 분류에 대한 훈련 데이터가 없어도 속성을 기반으로 학습하여 새로운 클래스를 인식하고 분류할 수 있는 능력을 일컫는다.

092

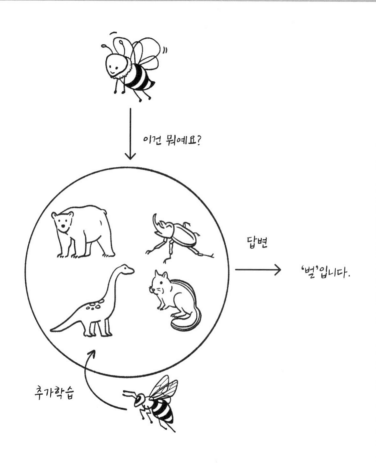

이건 뭐예요?

답변

'벌'입니다.

추가학습

원샷 러닝

원샷 러닝One-shot Learning은 사전 학습된 모델에 제한된 수의 데이터로 추가 학습을 시켜도 데이터를 잘 분류할 수 있는 기술이다. 동물의 종을 예측하기 위한 모델을 학습시킬 때, 일반적으로 각각의 종에 대한 많은 수의 이미지가 필요하다. 그러나 원샷 러닝에서는 각각의 동물 종류에 대한 단 하나의 이미지만을 사용하여 모델을 학습시켜도 높은 성능을 기대할 수 있다.

'벌'을 구분하는 모델을 원샷 러닝으로 학습시킨다고 가정해보자. 원샷 러닝에서는 대상에 대해 하나의 이미지만 사용하여 모델을 학습한다. 그러고 나서 '벌'이라는 새로운 입력 이미지가 주어지면 모델은 기존의 벌 이미지와 비교하여 유사한 패턴을 찾고 이를 기반으로 입력 이미지가 벌인지 아닌지를 예측한다. 이러한 방식으로, 단 한 개의 데이터만을 사용하여 새로운 동물 종을 분류할 수 있다.

093

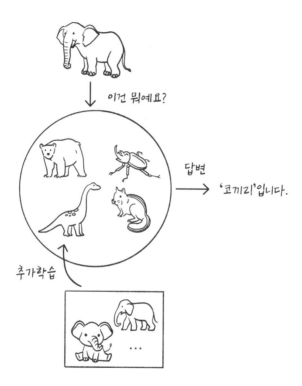

퓨샷 러닝

퓨샷 러닝Few-shot Learning은 사전 학습된 모델에서 매우 적은 수의 데이터로 추가 학습을 시켜도 데이터를 잘 분류할 수 있는 기술이다. 예를 들어, '코끼리'를 분류하는 모델을 학습시킨다고 해보자. 퓨샷 러닝에서는 해당 대상에 대해 몇 개의 이미지만 사용하여 모델을 학습시킨다. 예를 들어 '코끼리'에 대해 여러 이미지를 사용하여 모델을 학습시킨다. 이렇게 학습된 모델은 새로운 입력 데이터가 주어지면 이전에 학습한 데이터와의 유사성을 비교하여 입력 데이터가 어느 동물에 속하는지 예측한다. 또한 퓨샷 러닝은 CT나 MRI 사진과 같이 데이터 수가 적은 상황에서 환자가 암인지 아닌지 예측할 때 유용하게 사용될 수 있다.

094

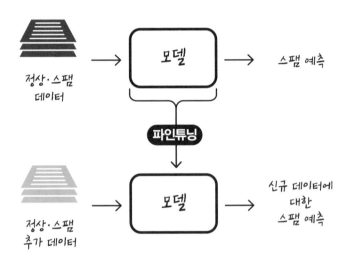

정상·스팸
데이터

모델

스팸 예측

파인튜닝

정상·스팸
추가 데이터

모델

신규 데이터에
대한
스팸 예측

파인튜닝

파인튜닝Fine-tuning은 사전 학습된 모델을 기반으로 새로운 문제에 맞게 추가 학습을 시키는 기술이다.

수신받은 메일이 스팸인지 아닌지를 분류하는 모델이 있다고 가정해보자. 이 모델을 만들기 위해 스팸으로 분류된 수많은 데이터가 사용되었다. 그런데 어느날, A 씨는 이전에 모델이 학습하지 않았던 스팸 메일을 받게 된다. 그렇다면 모델은 이 메일을 스팸으로 인식할까? 그렇지 않다. 이전에 학습된 데이터에는 A 씨가 수신했던 정보가 포함되어 있지 않기 때문이다.

이 경우, 이전에 학습한 스팸 분류 모델에 새로운 데이터셋을 추가하여 모델을 추가 학습시켜야 한다. 이 과정을 파인튜닝이라고 하며, 이렇게 파인튜닝된 모델은 새로운 데이터가 반영되었기 때문에 앞으로 스팸 메일을 더 잘 분류할 수 있을 것이다.

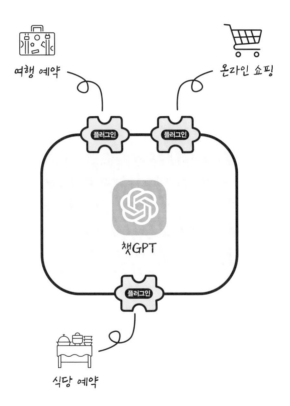

여행 예약

온라인 쇼핑

플러그인

플러그인

챗GPT

플러그인

식당 예약

플러그인

플러그인Plugin은 기존의 앱에 추가적인 기능을 제공하기 위한 소프트웨어 모듈이다. 앱에 플러그인을 설치하면 해당 앱의 기능이 확장되어 더 많은 작업을 수행할 수 있다. 예를 들어, 웹 브라우저에 광고 차단 플러그인을 설치하면 해당 웹 사이트의 광고를 제거할 수 있다.

AI 분야에서도 플러그인은 다양한 AI 서비스나 기능을 쉽게 추가할 수 있는 방법 중 하나이다. 오픈AI사의 API 플러그인은 대규모 언어 모델을 사용하여 다양한 자연어 처리를 수행할 수 있는 기능을 제공한다. 현재 챗GPT에서는 항공 검색은 가능해도 예약은 불가능하다. 하지만 플러그인을 사용한다면 항공권 예약 서비스까지 사용자에게 제공할 수 있다.

M365 코파일럿

M365 코파일럿은 마이크로소프트 365에 포함된 워드·엑셀·파워포인트·아웃룩 등에 GPT-4가 내장된 AI 기반 도구이다. 즉, 코파일럿을 이용하면 챗GPT에서와 같이 기존 문서에 콘텐츠를 추가하고, 텍스트를 요약하는 등의 작업을 할 수 있다.

예를 들어, 워드와 엑셀을 기반으로 두 페이지짜리 제안서 초안을 작성하거나 수십 페이지의 논문을 한 페이지로 요약하는 것이 가능한다. 또한, 이메일 송신자와 수신자의 관계를 분석하여 적절한 회신 내용을 제안해 주기도 한다. 이처럼 M365 코파일럿을 사용하면 사용자들은 효율적으로 업무를 처리할 수 있기 때문에 좀 더 생산적인 업무에 집중할 수 있다.

'하늘에서 비가 내리는 모습' 이미지

달리

달리DALL·E는 오픈AI사에서 개발한 이미지 생성 모델이다. 챗GPT가 문장을 생성해주는 모델이라면 달리는 이미지를 생성한다.

"하늘에서 비가 내리는 모습"과 같은 문장을 입력하면 달리는 이를 이해하고 비가 내리는 그림을 그려준다. 현재 입력 문장은 영어만 가능하기 때문에 한글은 인식하지 못하지만, 달리를 이용해서 이미지를 생성하고자 한다면 본문의 QR코드에 접속하여 사용할 수 있다.

현재는 달리의 이후 버전인 달리3가 서비스되고 있다.

위스퍼

위스퍼Whisper는 음성을 텍스트로 변환할 수 있는 오픈AI의 인공지능 모델이다. 웹에서 수집한 68만 시간 분량의 음성 데이터를 수집해서 사전 학습시킨 모델로, 음성을 텍스트로 변환해준다.

현재 위스퍼는 m4a, mp3, mp4 등의 파일을 지원하며, 다양한 프로그램 코드가 저장되어 있는 깃허브Github에 위스퍼를 사용하여 음성을 텍스트로 변환하는 간단한 코드들이 올라와 있어 쉽게 테스트해볼 수 있다.

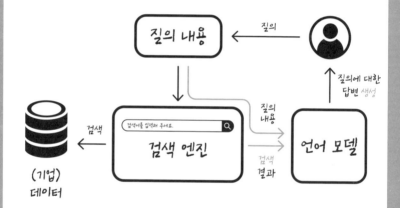

RAG

RAGRetrieval-Augmented Generation는 챗GPT와 같은 생성형 AI와 함께 각광 받고 있는 기술이며, 언어 모델과 정보 검색을 결합한 시스템이다. 챗GPT 를 기업에서 사용하기 위해서는 기업의 데이터를 활용해야 하는데, 이때 사용하는 기술이기도 하다.

사용자가 "내가 사용 가능한 휴가는 어떤 것들이 있어?"라고 물어보는 상 황을 가정해보자. 사용자가 물어본 휴가 관련 내용은 챗GPT가 알 수 없 으므로 이 질문은 기업이 보유한 데이터베이스에서 검색하게 된다. 이후 검색 결과와 사용자 질의 내용이 언어 모델에 전달되면 언어 모델은 말을 조리 있게 만들어서 사용자에게 답변을 제공한다. 이와 같이 기업의 데이 터와 언어 모델을 함께 사용하고자 할 때 이용되는 것이 RAG이다.

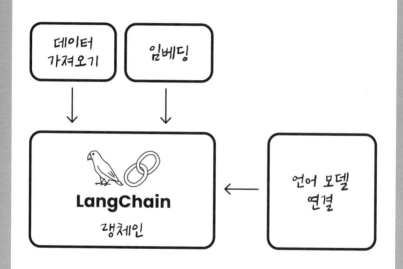

랭체인

언어 모델의 인기와 함께 부각되고 있는 단어는 바로 랭체인이다. 랭체인은 해리슨 체이스Harrison Chase가 2022년 10월에 오픈소스로 출시한 앱 생성을 위한 프레임워크이다. 특히 언어 모델을 이용한 앱을 쉽게 만들 수 있기 때문에 최근 사람들의 관심이 뜨겁다. 랭체인을 사용하면 데이터를 가져오는 것에서 시작해서 벡터로 변환하고, 언어 모델(챗GPT 등)을 연결하는 모든 과정을 손쉽게 구현할 수 있다. 따라서 랭체인을 이용하면 초보자도 쉽게 언어 모델을 이용한 서비스를 개발할 수 있다.

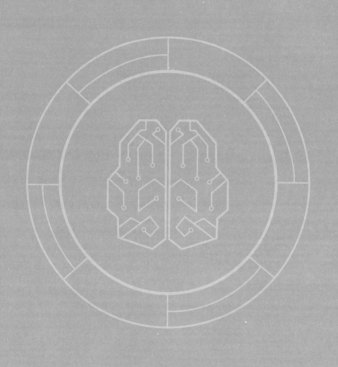

인공지능
활용편

인공지능은 이제 일상생활·기업·스포츠·헬스케어 등 다양한 곳에서 쓰이고 있다. 이미 활용되고 있는 기술부터 앞으로 기대되는 활용 모습까지 다양한 사례를 살펴보고, 앞으로 우리가 인공지능과 어떻게 함께 살아갈 수 있을지 고민해보면 어떨까?

자율주행차

자율주행차란 인간의 개입 없이 스스로 운전이 가능한 자동차를 말한다. 자율주행차는 인공지능과 센서*, 카메라 등 다양한 최신 기술을 활용하여 주변 환경을 인식하고 주행 경로를 계획하여 운전한다. 물론 자동차에게 만 운행을 맡기는 것은 아니다. 상황에 따라 인간이 운행할 수 있는 수동 모드도 지원한다.

교통량이 많은 곳에서 자율주행차를 이용하면 운전 대신 다른 업무에 집 중할 수 있기 때문에 시간을 효율적으로 사용할 수 있는 장점이 있다. 하 지만 아직은 시범 운행 중이거나 운전자의 보조 수단으로만 사용되며 그 마저도 완벽하지는 않다. 2023년 12월 테슬라는 자율주행 장치 결함으 로 자동차 200만 대를 리콜하기로 했다고 밝혔다. 자율주행차가 인간의 생명과 직결되는 만큼 주의깊은 기술 적용이 필요하다.

---

* 주변 환경에서 물리적·기계적 신호를 측정하고 이를 전기적 신호로 변환하는 장치로,
   여기서 얻은 데이터가 인공지능의 주요 데이터셋으로 활용된다.

AI 스피커

AI 스피커는 사용자와 자연스럽게 대화하며 사용자가 요청하는 서비스를 제공하는 제품이다. AI 스피커에 "오늘 날씨 알려줘"라고 말하면 AI 스피커는 인터넷에서 날씨 정보를 검색하여 사용자에게 알려줄 뿐만 아니라 음악 재생, 일정 관리, 정보 검색 등 다양한 기능을 제공한다. 또한 "내일 오전 9시에 알람 맞춰줘", "TV 채널 변경해줘"라는 명령에 맞춰 동작을 수행하기도 한다.

하지만 아직까지는 챗GPT와 같은 수준의 문맥 파악(사용자의 의도 파악)은 지원하지 않는다. 단순한 단답형이나 문맥 없는 대화 정도만 가능한 수준이어서 AI 스피커를 제공하는 제조사는 챗GPT 같은 모델을 적용하기 위해 노력 중이다. 대표적인 AI 스피커로는 아마존의 에코가 있으며, 국내에는 KT 기가지니, SKT 누구 등이 있다.

플라잉 택시

우리나라만큼 출퇴근 시간에 교통량이 붐비는 나라도 없을 것이다. 서울에 인구가 집중어 있는 데다가 그만큼 면적이 좁기 때문이기도 하다.

그래서인지 유난히 플라잉 택시에 대한 관심이 높다. 플라잉 택시는 말 그대로 공중을 날아다니며 승객을 운송하는 차세대 교통 수단이다. 전기나 수소 등 친환경적인 연료를 사용하며 자율주행차처럼 스스로 경로를 계산하여 승객을 목적지까지 안전하고 빠르게 이동시킨다.

아직까지는 시범 운행되고 있지만 가까운 미래에는 상용화가 가능할 것으로 예상한다. 하지만 그 전에 플라잉 택시와 관련한 규제를 정립하는 것이 먼저일 것이다.

바리스타 로봇

바리스타 로봇은 인공지능과 로봇 기술을 이용하여 커피를 추출하고 제조하는 로봇이다. 바리스타 로봇이 제조한 커피는 사람이 직접 제조하는 커피와 비슷한 맛과 향을 내기 때문에 최근 많이 도입되고 있다. 또한 바리스타 로봇은 일정한 품질과 정확한 제조 과정, 빠른 속도라는 장점을 가지고 있다.

거리에 수많은 카페가 있음에도 불구하고 커피 한 잔을 사려면 대기 시간이 필요하다. 게다가 같은 체인점이라 해도 바리스타마다 제조 방법이 달라서 품질 차이가 날 수 있다. 하지만 바리스타 로봇은 일관된 맛과 향을 유지하면서도 빠르게 만들 수 있다. 한마디로 바리스타 로봇을 사용하면 맛있는 커피의 대량 제조가 가능하다.

물론 바리스타 로봇이 가지는 한계도 있다. 사용자들의 취향을 일일이 반영하기 어렵고 초기 자본이 많이 들기 때문에 수익성 차원에서 철저하게 검토한 후 도입해야 한다.

서빙 로봇

요즘 음식점에서 심심찮게 볼 수 있는 것이 서빙 로봇이다. 서빙 로봇은 음식점 내부에서 음식을 제공하고 수거하는 역할을 한다. 주로 고객이 주문한 음식을 테이블로 옮기는 역할을 하기 때문에 자율주행차처럼 이동 경로를 계산해야 하는데, 이 역할을 인공지능이 담당한다.

서빙 로봇을 사용하면 인건비를 절감할 수 있고 직원들의 업무 부담을 줄일 수 있기 때문에 최근 많은 음식점에서 서빙 로봇을 도입하고 있는 추세이다. 하지만 이것은 서빙 로봇을 도입하는 사람들의 입장이고, 고객 입장에서는 불편이 늘어날 수밖에 없다. 요청 사항, 문의 사항이 있을 때마다 서빙 로봇과 대화를 할 수는 없으니 말이다.

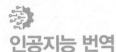

인공지능 번역

인공지능 번역은 인공지능 기술을 이용하여 하나의 언어를 다른 언어로 번역하는 기술이다. 이때의 번역은 단순히 문자에 국한되지 않고 음성이나 영상까지도 실시간으로 번역하기 때문에 그 활용성이 넓다고 할 수 있다.

물론 번역 서비스는 이전부터 존재했다. 하지만 최근에는 인공지능 기술이 추가되어 문맥을 이해하여 번역하는 수준까지 발전했으며, 그 대표적인 예가 챗GPT이다. 인공지능 번역은 단순 번역(개인이 업무나 여행에서 사용하는 수준)을 넘어서 국제 비즈니스나 국제 커뮤니케이션 및 문화 교류 등에서도 유용하게 활용될 수 있다.

스마트 워치

스마트 워치의 보급으로 우리의 삶은 많이 달라지고 있다. 특히 기업은 개인의 신체 활동 데이터를 실시간으로 수집하여 분석하고 서비스에 활용한다. (물론 기업에서 개인과 관련된 정보를 수집할 때에는 사전에 동의가 필요하다) 예를 들어 기업은 A라는 사람의 하루 운동량, 이동 거리, 심박수 등의 데이터를 이용하여 최적의 보험 상품을 추천해줄 수 있다.

하지만 스마트 워치가 꼭 기업에게만 좋은 것은 아니다. 개인 역시 자신의 활동량을 모니터링하여 운동 습관을 개선할 수 있다. 또 수면의 질이나 건강한 식습관을 개선하는 데 도움을 받을 수 있다.

인공지능 심리 상담

우리나라의 경우, 정신과 치료가 필요함에도 타인의 시선을 의식하여 치료를 꺼리는 경우가 많다. 이때 대체할 수 있는 치료 방법이 인공지능 심리 상담이다. 인공지능 심리 상담은 인간 상담사와 마찬가지로 사용자의 감정이나 마음 상태를 분석하고 그에 따라 적절한 조언이나 해결 방안을 제시한다. 뿐만 아니라 시간에 구애받지 않고 언제든지 이용할 수 있으며 상담 내용도 타인에게 공개되지 않는다.

하지만 인공지능에 의한 상담은 단편적이고 일회성으로 이용하는 것이 좋다. 인공지능이 제시하는 해결 방안은 추상적이거나 일반화되어 있어서 개인의 문제에 적합하지 않을 수 있기 때문이다. 또한 심리적 불안감이 높을 경우에는 약물 치료도 병행해야 하기 때문에 이때는 병원에 방문하는 것이 더 효과적이다.

반려동물을 위한 AI 진료 서비스

반려동물도 인간과 같이 늙고 병들어 죽는다. 우리가 반려동물의 병을 빠르게 발견할 수 있다면 얼마나 좋을까? 이때 사용할 수 있는 것이 인공지능이다. 인공지능을 이용하면 반려동물이 배고파서 짖는 것인지 아니면 아파서 짖는 것인지 알아낼 수 있다.

또한 병원에 방문하여 CT 영상을 찍으면 잠시 후 영상 판독 결과를 알려주는데 이 역시 인공지능이 맡은 역할이다. 우리나라의 경우 영상 진단 전문 수의사 수가 절대적으로 부족하다고 한다. 하지만 인공지능을 이용하면 1분 이내에 판독 결과를 알려주기 때문에 인간 전문가의 소견을 기다리지 않아도 된다. 이제 반려동물도 인공지능의 수혜자가 되고 있는 듯하다.

얼굴 인식

인공지능 얼굴 인식은 사람의 얼굴 이미지를 분석하여 그 인물이 누구인지 인식하는 기술로, 다양한 분야에서 활용되고 있다. 스마트폰에서 얼굴 인식 기능을 활용하면 잠금 해제, 결제, 인증 등의 기능을 수행할 수 있다. 또한, 공항에서는 승객의 출입 관리를 위해 사용하기도 한다.

사용 및 관리 측면에서 편리하지만 얼굴 인식 기능은 개인 정보 침해 같은 문제가 있기 때문에 적절한 규제와 사용 방침이 필요하다.

011 가상 현실 교육

가상 현실 교육은 가상 현실 기술을 이용하여 교육을 제공하는 것을 말한다. 예를 들어, VR 기술*을 이용하여 학생들이 해부학 교육이나 역사적 사건을 가상으로 체험할 수 있다

가상 현실 교육을 이용하면 다음과 같은 장점이 있다.

(1) 물리적인 제약 없이 다양한 시나리오와 상황을 체험할 수 있다.

(2) 실제로 체험하기 어려운 위험한 상황(재난, 화재 진압 등)에서의 훈련이 가능하다.

가상 현실 교육을 위해서는 별도로 제작된 헤드셋을 착용해야 하기 때문에 장비에 대한 구매 비용과 더불어 불편함을 감수해야 한다. 하지만 기술의 발전과 함께 헤드셋 없는 가상 현실 체험이 가능해지고 있는 추세이다.

---

*   컴퓨터를 이용해 가상의 세계를 만들고, 사람들이 그 안에서 마치 실제처럼 느낄 수 있게 하는 기술.

맞춤형 학습 서비스

맞춤형 학습 서비스란 개인의 학습 수준, 흥미와 필요에 맞게 적절한 교육 콘텐츠를 제공하는 서비스를 의미한다. 학습자의 언어 수준, 문법 이해 능력, 단어 암기 능력 등을 분석한 후 학습자 개개인에 적합한 콘텐츠를 추천해준다.

맞춤형 학습 서비스는 개인의 수준에 맞는 효과적인 학습을 가능케 하며, 시간과 장소의 제약 없이 언제 어디서나 학습이 가능한 장점이 있다. 무엇보다도 사교육비를 절감할 수 있는 방안이 될 수 있으며, 잘 활용한다면 학생들의 학습 격차를 줄일 수 있는 수단으로도 사용될 수 있다.

013

아마존 고

아마존 고는 아마존에서 서비스하고 있는 무인 상점이다. 아마존 고에 출입하기 위해서는 아마존 고 스마트폰 앱만 실행하면 된다. 물건을 집어 들면 센서와 카메라가 자동으로 인식하여 아마존 고 앱의 카트에 추가된다. 이후 물건과 함께 상점을 나오면 앱에서 자동으로 결제가 이루어진다. 고객은 쇼핑 카트에서 물건을 하나씩 빼내어 계산을 하거나 계산대 앞에서 차례를 기다리는 수고를 덜 수 있다. 또한 인건비를 절약할 수 있어 무인 상점에 대한 수요도 높아지고 있는 추세이다.

스포츠 전략 수립

인공지능을 스포츠에 접목하면 승리를 위한 전략을 수립할 수 있다. 이를 위해 경기 중 선수의 움직임, 행동, 플레이 패턴 등에 대한 데이터를 수집하고 인공지능으로 분석한다. 이때 상대 팀의 전략과 선수의 특징도 함께 고려되어야 한다. 이를 통해 팀 전체뿐만 아니라 개별 선수에 대한 전략도 수립할 수 있다.

또한 인공지능은 선수들의 컨디션 관리, 부상 예방, 훈련 계획 등에도 활용될 수 있다. 예를 들어, 투수와 내야수에 맞는 훈련을 개별적으로 지도할 수 있기 때문에 선수별 맞춤형 관리가 가능하다.

게임

015

온라인 게임에서 인공지능은 다양한 방식으로 활용된다.

(1) 게임 플레이어의 동작 및 스타일을 학습하여 적절한 난이도를 제공한다.

(2) 플레이어의 상대방 역할로서 플레이어와 대결하는 용도로 사용된다. 즉, 상대 역할을 하는 인공지능은 캐릭터의 움직임, 공격, 방어 등을 학습하고 플레이어에게 더욱 도전적인 대결을 제공한다.

또한 최근에는 딥러닝을 이용하여 게임 캐릭터의 움직임, 행동, 대화 등을 자연스럽게 구현하고자 하는 시도가 있다. 이러한 기술을 사용하면 플레이어의 게임에 대한 몰입도를 더욱 향상시킬 수 있다.

알파고

알파고AlphaGo는 구글 딥마인드에서 개발한 인공지능 바둑 프로그램이다.
2016년 3월 바둑기사 이세돌과의 대결에서 이기면서 사람들의 관심을
받게 되었다.

알파고는 전통적인 바둑 프로그램과는 다르게 딥러닝 알고리즘을 이용하
여 학습되었기 때문에 몇 수 앞을 내다보는 것이 가능하다. 그러니 인간이
알파고를 상대로 이긴다는 것은 쉬운 일이 아니다. 더욱이 지금까지도 자
신을 상대로 계속해서 학습한다고 하니 현재는 더 강력한 경기력을 갖추
게 되지 않았을까?

하지만 중요한 것은 알파고의 경기력이 아니다. 알파고의 등장으로 사람
들은 인공지능의 위력을 알게 되었고, 이후 많은 기업에서는 인공지능에
대한 투자를 아끼지 않고 있다는 사실이 중요하지 않을까?

017 인공지능 보조 심판

인공지능 보조 심판은 스포츠 경기에서 인공지능 기술을 활용하여 심판의 판단을 보조하는 시스템을 말한다. 예를 들어 축구의 경우 오프사이드, 패널티킥 판정 같은 상황에 심판과 선수 간의 의견 차이로 충돌이 많은데 이럴 때 인공지능 보조 심판을 사용하면 심판의 판단에 도움을 준다. 또한 인간 심판에 비해 객관적이고 정확한 판단을 내릴 수 있기 때문에 경기의 공정성을 보장하고 오해와 불만을 줄일 수 있다.

인공지능 보조 심판은 축구뿐만 아니라, 농구·야구·배구 등 다양한 스포츠에서도 활용될 수 있다.

스팸 필터링

스팸 필터링은 사용자가 이용하는 메일, 문자, SNS 등에서 스팸 메시지를 걸러내는 시스템이다. 일반적으로 스팸 메시지는 광고나 사기성 메시지 등의 형태를 띠기 때문에 사용자의 시간을 빼앗는 것은 물론 개인 정보까지 탈취한다.

따라서 스팸 메시지는 자동으로 필터링되어야 하는데, 이때 사용되는 것이 스팸 필터링이다. 이를 위해 대량의 정상·스팸 메시지를 수집하고 패턴을 학습한다. 그리고 이후에 받게 되는 메시지가 스팸인지 아닌지를 분류하거나 예측한다.

스팸 필터링 기술이 발전하는 만큼 스팸 메시지 역시 정교화되고 있기 때문에 인공지능에만 필터링 기능을 맡기지 않고 인간이 세심하게 판단하는 것도 중요하다.

인공지능 보안 관제 시스템

악성 바이러스에 의한 공격은 하루에도 수차례 발생하고 있다. 바이러스 또한 새롭게 만들어지는 것이 대부분이어서 기존의 보안 시스템들이 탐지하는 것이 불가능할 정도이다. 그래서 필요한 것이 인공지능 기술이 적용된 보안 관제 시스템이다.

인공지능 보안 관제는 기업의 정보 시스템에 침입하는 위협을 감지하고 예방하는 시스템으로, 이를 위해 기존에 수집된 데이터를 분석하여 정상적인 패턴을 학습한다. 이를 바탕으로 새로운 데이터(바이러스에 감염된 데이터 등)가 들어오면 정상적인 패턴과 비교하여 침입을 감지하고 즉각적으로 대응한다. 그동안 사용되지 않았던 알 수 없는 IP 주소가 기업 내부의 시스템에 접근하는 시도 등을 발견한다면 침입으로 간주하는 것이다. 이를 통해 기업은 보안 이슈에 빠르게 대응할 수 있으며 보안 사고 발생시 피해를 최소화할 수 있다.

불량 탐지

불량 탐지란 제조 공정 과정에서 제품의 불량률을 낮추기 위해 제품의 결함을 빠르게 탐지하는 시스템을 의미한다. 이를 위해 먼저 제조 공정에서 생성되는 다양한 데이터를 수집한 후 불량 제품의 패턴을 학습하고 불량 여부를 판단한다. 따라서 사람이 불량품을 선별하는 것보다 빠른 탐지가 가능하면서도 인력은 절감할 수 있는 효과가 있다.

하지만 인공지능 불량 탐지 시스템의 단점도 있다. 제품의 불량 상태가 기존과 확연히 다를 경우 인공지능이 이를 탐지하지 못할 수 있다. 따라서 기존 방식과 인공지능을 조합하여 사용하는 것이 좋다.

AI 면접

021

AI 면접은 기업이 인공지능 기술을 활용하여 지원자의 역량을 평가할 수 있는 시스템이다. AI 면접이 채용 프로세스의 전부는 아니지만, 이를 통해 지원자들의 인·적성은 물론 성격·태도·리더십 등을 평가할 수 있다.

AI 면접으로 인재를 더욱 효과적으로 평가할 수 있는 장점이 있지만 인공지능의 편향성 및 윤리적 문제 등도 존재한다. 아마존 인공지능 채용 시스템의 경우 백인 남성을 더 우대한 결과 때문에 인공지능 채용 과정을 폐지하기도 했다. 따라서 기업이 이러한 시스템을 도입할 때에는 여러 가지 측면을 신중하게 고려해야 한다.

스마트 팩토리

스마트 팩토리는 최신 기술을 활용하여 제품 생산 과정을 자동화하고 생산 데이터를 실시간으로 수집하여 생산 방법을 최적화하는 공장이다.

현재 일반 공장은 하나의 제품을 생산할 때 디자인을 달리하기보다는 색상만 변화를 주는 정도이다. 하지만 스마트 팩토리 환경에서는 공정 과정에 변화를 줄 수 있기 때문에 개인 맞춤형 생산이 가능하다.

이렇듯 이상적인 공장의 모습을 하고 있는 스마트 팩토리는 아쉽게도 현재 진행 중인 상태이다. 완전한 스마트 팩토리 환경이 갖춰진다면 모든 공정 과정이 자동화될 테니 더 이상 사람의 흔적은 찾아보기 힘들 것이다. 그럴 때를 대비해서 인간은 미래의 또 다른 직업을 준비해야 하지 않을까?

스마트 에너지

스마트 에너지는 최신 기술을 활용하여 전력 생산·저장·관리·사용 등의 전 과정을 최적화하는 시스템이다. 기존의 전력 생산 방식이 대부분 석유·석탄·가스와 같은 화석 연료를 사용했던 것과는 달리 스마트 에너지는 재생 에너지를 중심으로 전력 생산 과정을 최적화한다. 전력 생산 및 사용량을 모니터링하고 사용 패턴을 분석하여 전력 생산과 사용의 효율성을 높인다.

특히 우리나라의 경우 한국전력공사의 손실이 몇십조 원에 이른다고 한다. 전력의 무분별한 낭비 때문에 발생한 손실은 아닐 테지만 효율적인 관리 차원에서 스마트 에너지 시스템은 분명 도움이 될 것이다.

스마트 팜

스마트 팜은 인공지능을 포함한 최신 기술을 활용하여 농업 생산 과정을 자동화하여 생산성을 높이는 농장이다. 농경지에 설치된 센서를 통해 농작물 생육 환경을 모니터링하고 농작물 생육에 필요한 온도나 습도 같은 조건을 자동으로 조절한다. 즉, 인공지능 기술로 농작물의 질병과 성장을 예측하고, 로봇 기술로 수확 과정을 자동화하는 것이다.

이제 인간의 노동력은 기술과 로봇에 의한 자동화로 대체되고 있다. 개개인의 경험이 아닌 데이터로 농작물을 재배하는 세상이 도래한 것이다.

드론

드론은 인간이 조종하지 않고 자동으로 비행할 수 있는 무인 항공기이다.(물론 원격 조종도 가능하다) 드론을 인공지능과 결합하면 다양한 분야에서 활용할 수 있다. 예를 들어, 드론이 촬영한 건축물·도로·하천 등의 정보를 인공지능으로 분석하면 지형·지물의 변화 추이를 파악할 수 있다. 또한 드론이 촬영한 농경지 이미지 데이터를 인공지능 기술로 분석하면 농작물 생육 상태를 실시간으로 파악할 수 있다.

하지만 드론은 살상 무기로도 활용될 수 있기 때문에 기술의 발전에 따른 양면성은 늘 염두에 두어야 한다.

반려로봇

반려로봇은 인공지능 기술을 사용하여 만들어진 동물 모양의 로봇으로 **026** 가정 내 반려동물을 대체할 목적으로 만들어졌다. 강아지나 고양이 모양 의 로봇은 실제 반려동물처럼 소리나 빛 등에 반응하고 사람과 소통할 수 도 있다. 특히 인간의 반응을 지속적으로 학습함으로써 성격도 진화한다. 물론 반려동물만큼의 애정을 느끼기에는 부족하겠지만 반려동물을 키울 여건이 되지 않는 사람들에게 편안한 친구가 되어줄 수 있다.

간병로봇

코로나19 상황에서는 의료진의 숫자도 부족했을 뿐 아니라 간병인의 숫자도 턱없이 부족했다. 게다가 인구 절벽으로 향하고 있는 우리나라의 경우 고령층 인구는 늘어나고 있지만 앞으로 그들을 돌볼 간병인은 찾아보기 힘들 수 있다. 그래서 등장한 것이 바로 간병로봇이다.

간병로봇은 인공지능 기술을 사용하여 만들어진 로봇으로 일상적인 간호 또는 요양 서비스를 제공한다. 이 로봇은 환자가 약을 잘 복용하도록 도와주는 간단한 일부터 환자의 이동을 돕는 육체적 측면까지도 도움을 준다. 간병로봇이 좋든 싫든, 미래의 우리는 그들의 도움이 절실히 필요해 보인다.

AI 어르신 돌봄 서비스

AI 어르신 돌봄 서비스는 주로 AI 스피커를 이용해서 서비스되고 있다. AI 스피커는 음성 비서로서의 본연의 역할 외에도 어르신들을 위한 특화된 서비스를 제공하고 있다. 어르신들의 말벗이 되어준다거나 약 복용 시간을 알려주는 등의 일을 하며, 독거노인들이 위급한 상황에서 "살려줘"라고 외치면 119에 대신 연락해주기도 한다.

인간이라면 결국에는 병들고 늙게 된다. 이들을 사회적 제도 안에서 품어줄 여건이 안 된다면, 그들 스스로 삶을 유지할 수 있는 도우미라도 제공해야 하지 않을까? 앞으로 AI 어르신 돌봄 서비스와 유사한 시니어 케어 사업이 더욱 활성화될 것으로 예상된다.

의료 영상 판독

의료 영상 판독은 의료 영상에서 질병을 진단하기 위해 수행되는 작업이다. 일반적으로는 엑스레이, CT, MRI, 초음파 등 의료 영상을 의사나 전문가가 판독하여 환자의 건강 상태를 파악한다. 여기에 인공지능 기술을 접목한다면 의사가 진행하던 판독을 자동화할 수 있다. 예를 들어, 암 진단을 받은 상태의 영상과 정상적인 상태의 영상을 인공지능이 학습하면 빠른 시간내에 암을 진단할 수 있다. (정상 상태인 영상만 학습하면 어떤 영상이 암인지 알 수 없기 때문에 정상 상태인 영상과 암 진단을 받은 환자의 영상을 함께 학습한다)

특히 특정 진료과의 의료진 수가 부족한 때에 인공지능 의료 영상 판독은 질병을 빠르게 진단하는 데 효과적으로 사용될 것이다.

AR 탈의실

AR 탈의실은 화상으로 옷을 입어보는 가상 쇼핑 서비스이다. 실제로 입어보는 것이 아니라 마치 내가 입어보는 것과 같은 효과를 준다. 따라서 AR 탈의실 서비스를 이용하기 위해서는 먼저 인공지능을 이용해서 사용자의 신체적 특징을 분석해야 한다. 이후에는 어떤 옷이든 가상으로 입어보고 맘에 드는 것을 선택할 수 있다.

AR 탈의실을 이용하면 매번 옷을 갈아입지 않아도 되기 때문에 편리하게 쇼핑을 즐길 수 있다. 뿐만 아니라 시간도 절약할 수 있어서 다른 일에 시간을 더 투자할 수 있다.

사진 보정 필터 앱

예뻐지고 싶고, 멋있게 보이고 싶은 것은 많은 사람들의 바람일 것이다. 이러한 바람이 현실에서는 불가능하더라도(우리는 의학의 도움을 받을 수 있을 테니 불가능까지는 아닐 것이다) 가상에서는 가능하다. 바로 사진을 보정해주는 앱을 사용하면 된다.

인공지능은 수많은 사람들의 얼굴, 특히 이목구비를 학습한다. 사용자 입장에서는 자신의 사진을 스마트폰 앱에 올리기만 하면 된다. 그러면 학습을 마친 모델은 사용자의 이목구비를 파악하여 메이크업을 해주거나 헤어 스타일을 변경하여 외모를 자연스럽게 보정해준다. 아름다워지고 싶은 인간의 욕망을 충족시켜주는 앱인 셈이다. 일상생활에 꼭 필요한 앱은 아니지만 가상에서라도 욕구를 충족시키기에는 충분해 보인다.

샴푸 로봇

샴푸 로봇은 인공지능과 로봇 기술을 활용하여 자동으로 머리를 감겨주는 로봇이다. 샴푸 로봇은 일반적으로 두 개의 로봇 팔과 머리를 세척할 수 있는 특수한 샴푸 노즐을 가지고 있다. 사용자가 샴푸 로봇에 머리를 대면 로봇이 적절한 양의 샴푸와 물을 노즐을 통해 분사하여 머리를 깨끗이 씻겨준다. 이때 인공지능 기술은 머리카락의 길이와 두께, 머리카락 상태 등을 인식하고 샴푸의 양과 방향을 조절하는 역할을 한다.

헤어 디자이너는 고객의 머리를 감겨주는 수고를 덜 수 있으며 사용자는 자신의 두발 상태에 맞는 샴푸 서비스를 받을 수 있다. 이제 육체적인 노동은 조금씩 자취를 감출 듯하다.

입욕제 제조

화장품 기업 '아모레퍼시픽'에서는 뇌파 측정 기술과 인공지능 기술을 활용하여 개인 맞춤형 입욕제를 제조하는 서비스를 선보였다. 이 기술은 사용자의 뇌파를 측정하여 그에 맞는 효능과 효과를 가진 입욕제를 제조한다. 예를 들어, 사용자의 뇌파 상태가 스트레스에 노출되어 있다면 스트레스 감소에 효과가 있는 라벤더나 로즈마리 향이 포함된 입욕제를 제공한다.

매일 쌓여가는 스트레스를 막을 수는 없겠지만 나의 상태를 고려한 입욕제로 하루의 스트레스를 조금이라도 해소할 수 있다면 충분히 소비할 가치가 있지 않을까?

로보어드바이저

로보어드바이저Robo-Adviser는 'Robot'과 'Advisor'의 합성어로 인공지능 기술을 이용해 금융 자문 서비스를 제공하는 인공지능이다. 로보어드바이저는 사용자가 입력한 정보(투자 성향 등) 및 시장 정보, 기업 정보 등을 분석하여 포트폴리오를 구성한다. 물론 인간이 주는 금융 자문도 이와 유사한 방식이지만 개인이 투자 전문가의 도움을 받으려면 일정 금액의 수수료를 지급해야 한다. 하지만 로보어드바이저를 이용하면 자문 서비스를 저렴하게 활용할 수 있으면서도 시간에 구애받지 않고 언제든 상담받을 수 있다.

요즘같이 개인의 자산을 불리기 위한 주식 투자에 관심이 많은 때, 로보어드바이저와 같은 인공지능 서비스의 도움을 받아보는 것도 투자 전략 중 하나가 될 것이다.

034

구조 로봇

구조 로봇은 인간이 도달하기 어려운 위험한 환경에서 작업을 하는 로봇이다. 지진이나 폭발로 인한 건물 붕괴, 화재 등의 재난 상황에서 인간을 대신하여 임무를 수행한다. 이러한 로봇은 다양한 센서와 카메라 그리고 인공지능 기술 등을 활용하여 위험한 환경에서도 안전하게 작업을 수행할 수 있도록 설계되어 있다.

하지만 아직 실생활에서 구조 로봇을 찾아보기는 어렵다. 제작 비용이 높은 데다가 일부 복잡한 작업에서는 인간과 같은 능력을 발휘하지 못하기 때문이다. 로봇이 인간처럼 관절을 자유자재로 움직이기 위해서는 시간이 좀 더 필요해 보인다.

035

딥페이크

딥페이크Deepfake는 딥러닝 기술을 이용해 인공적으로 생성한 영상·음성 등을 뜻한다. 딥페이크를 이용하면 이미지·영상에 다른 인물의 얼굴이나 행동 등을 합성하거나 기존 이미지를 변경하는 조작이 가능하다.

유명 연예인의 경우 딥페이크 기술이 이용된 가짜 뉴스나 합성 음란물 때문에 곤란을 겪기도 했다. 하지만 딥페이크 기술이 꼭 나쁜 것만은 아니다. 오래된 사진을 복원할 수도 있고, 그리운 사람들의 모습을 재현할 수도 있다. 기술의 양면성을 보여주는 사례인 셈이다.

036

법률 자문

챗GPT에게 "법률 자문"이라고 요청하면 "저는 법률 자문을 제공하는 AI 가 아니며, 법적인 문제에 대한 자문을 제공할 수 없습니다"라는 답변을 준다. 하지만 "음주운전 사건이 발생하면 법적으로 어떻게 대처해야 해?" 라고 묻는다면 이때는 일반적이지만 다음과 같은 답변을 준다. "음주운전 죄는 형사처벌법상 과실치사죄에 해당되며, 이에 따라 형사처벌을 받게 됩니다. 처벌 범위는 상당히 넓은 편이며, 운전자의 음주 상태 및 운전 중 발생한 사고의 심각성에 따라 다양하게 변동됩니다. 일반적으로, 음주운 전 사건이 발생하면 경찰에 신고하는 것이 우선적인 대처 방법입니다. 그 후, 경찰이 현장에 출동하여 증거를 수집하고 운전자를 검거합니다. 검거 된 운전자는 검찰에 송치되어 처벌 절차가 진행됩니다."

구체적인 질문일수록 원하는 답변을 받을 확률이 높다.

037

여행 계획 세우기

낮선 곳을 여행하거나 여행을 자주 다녔던 사람이 아니면 여행 계획을 세우기 위해 많은 시간을 할애해야 한다. 하지만 챗GPT의 도움을 받으면 빠르게 여행 계획을 세울 수 있다. 챗GPT에게 "제주도 여행 코스 추천해 줄래?"라고 물으면 다음과 같은 코스를 추천해준다.

(1) 한라산 등반 코스

(2) 제주 4·3 평화공원

(3) 성산일출봉

(4) 중문관광단지

(5) 제주도민에게 소문난 맛집 탐방

현지인만 알고 있는 특별한 장소는 아니지만 한 번은 가봐야 하는 곳들을 추천해주고 있다.

항공·숙박 예약

챗GPT 서비스 자체만으로는 항공·숙박을 예약하는 것은 불가능하다. 하지만 챗GPT 플러그인을 이용하면 가능한데, 대표적인 서비스가 바로 익스피디아이다. 익스피디아는 챗GPT에 예약 서비스까지 추가했다. 챗GPT에게 이번 주 제주도 편도 비행편을 알려달라고 요청한 후 가장 저렴한 항공권을 예약해달라고 하면 된다. 항공권을 예약하기 위해 다른 사이트에 접속할 필요조차 없다.

익스피디아 서비스가 시사하는 바는 크다. 그동안 챗GPT를 단순히 질문·답변 용도로 이용했다면 이제 챗GPT에게 일을 시킬 수 있게 되었으니까 말이다. 앞으로 더 많은 기업들이 챗GPT를 이용한 서비스를 선보일 것으로 기대된다.

프로그램 코드 리뷰

챗GPT는 코드를 생성해주기도 하지만 사람이 생성한 코드에 문제가 없는지 검토해주는 것도 가능하다. 하나의 소프트웨어를 구현하기 위해서는 적게는 수천 줄에서 많게는 수만 줄에 이르는 코드가 존재한다. 물론 작은 부분으로 쪼개서 문제가 있는지 없는지 확인해볼 수도 있겠지만, 이것은 시간이 많이 소요되고 번거로운 작업이다. 이때 챗GPT에게 코드에 문제가 있는지, 있다면 어디에 있고, 어떻게 수정하면 되는지 물어볼 수 있다. 그러면 챗GPT는 리뷰 결과를 주석으로 달아서 친절하게 알려준다. 챗GPT가 친절한 코딩 선생님이 되어주는 것이다.

VOC를 이용한 서비스 개선

VOC는 'Voice of Customer'의 약자로 고객의 목소리를 의미한다. 고객이 제공하는 의견·요구 사항·불만 사항 등의 정보를 수집하여 분석한 후 기업의 제품 개발, 서비스 개선 등에 반영할 수 있다. 이를 위해 상담원이 고객과 통화한 내용을 녹음했다가 텍스트로 변환하는 STT 기술이 사용된다. (음성 파일을 분석하는 데에는 한계가 있으니 텍스트로 변환하여 사용한다)

이제 변환된 텍스트에서 제품에 대한 개선 요구사항 같은 중요한 정보만 추출하여 제품을 개선하거나 고객 서비스를 향상시키는 데 사용한다.

문장 요약

챗GPT가 잘하는 것 중 하나가 문장을 요약하는 것이다. 물론 생성형 AI로서 문장을 만드는 것도 잘하지만 긴 문장을 짧게 요약하는 것도 챗GPT의 특기이다. 특히 문장이 길고, 전문 용어가 포함될수록 요약 서비스를 활용하기에 좋다. 가령 계약서를 요약하거나 계약서에 포함된 독소 조항을 찾아내는 데 사용하면 인간의 수고를 덜 수 있다. 혹은 논문이나 기고문, 전문 서적을 일일이 챙겨볼 시간이 없을 때에도 챗GPT가 요약한 문장만 확인해도 좋을 것이다.

그림 그리기

상황을 글로 설명하면 그림으로 그려주는 서비스는 오픈AI의 달리 외에도 다양하다. 하지만 챗GPT가 워낙 사람들의 관심을 받다 보니 자연스럽게 달리도 주목을 받고 있다.

달리는 인간의 언어로 설명을 하면 그에 맞는 그림을 그려주는 서비스로, 창의적인 아이디어를 구체화할 때 사용하면 좋다. 예를 들어, "액체 형태의 시계를 그려줘"라고 하면 내 머릿속에만 존재했던 이미지를 구체화하여 다른 사람들과 공유할 수 있다.

043

책 쓰기

어떤 주제든 챗GPT는 사람이 원하는 책을 써줄 수 있다. 문제는 토큰 수에 제약이 있기 때문에 완전한 책 한 권 분량을 얻기가 어렵다는 것이다. 따라서 완성된 책을 챗GPT에게 요구하기보다는 아이디어를 얻거나 사실을 재확인하는 용도로 사용하는 것이 좋다. 작가가 의학 드라마 각본을 쓴다고 할 때 사람이 갑자기 쓰러진 상황에서 어떤 조치를 취하는지에 대한 지식이 없을 수 있다. 이때 챗GPT의 도움을 받으면 다음과 같은 조치 방법을 얻는다.

(1) 쓰러진 사람이 의식이 있는 경우, 안정된 자세를 유지시켜야 합니다. 쓰러진 사람을 일으키거나 움직이지 말아야 하며, 코와 입을 막지 않도록 조심해야 합니다.

(2) 쓰러진 사람이 의식이 없는 경우, 기저귀 또는 부드러운 물건을 이용하여 머리를 받쳐주어야 합니다. 그리고 호흡을 확인하고, 숨이 돌아오고 있는지 확인해야 합니다.

특히 전문적인 글을 써야 하는 경우일수록 챗GPT의 도움을 받기가 용이하다.

데이터 분석

엑셀의 데이터를 분석하기 위해 우리가 일반적으로 하는 것들은 무엇일까? 엑셀에서 제공하는 피벗 테이블을 사용할 수도 있고 BI(Business Intelligence)툴*을 사용할 수도 있다. 그런데 어떤 것을 사용하든 시간과 노력이 필요한 것은 동일하다. 처음 툴을 사용하는 것이라면 사용 방법도 익혀야 한다. 이 모든 것을 자동으로 알아서 해준다면 얼마나 편리할까?

엑셀 코파일럿을 사용하면 데이터를 시각적으로 볼 수 있도록 그래프로 표현해주고 왜 매출이 하락했는지 혹은 특정 제품 매출이 왜 저조한지에 대해 설명도 해준다. 마치 내 옆에 엑셀을 잘 다루는 사람을 두고 일을 시키는 것과 같은 효과이다.

045

---

* 기업이 보유한 다양한 데이터를 수집·분석하여 의사결정에 활용하기 위한 툴.

회의 요약

코로나19로 인해 재택 근무가 늘어나면서 오프라인 업무 회의가 온라인으로 대체되었다. 재택 근무가 많이 없어진 지금도 온라인 회의는 계속되고 있다. 온라인 회의의 단점은 얼굴을 직접 마주하는 것이 아니기 때문에 온전히 회의에 집중할 수 없다는 것이다. 특히 내가 주도해야 하는 회의가 아니라면 중간중간 다른 업무를 보는 경우도 많다. 이때 회의에서 어떤 내용이 오고 갔는지 놓치는 경우가 많은데 이때도 코파일럿을 이용할 수 있다.

팀즈** 코파일럿을 이용하면 실시간으로 회의 내용을 요약하여 보여주기 때문에 잠시 대화를 놓쳤더라도 빠르게 다시 회의에 참여할 수 있다. 또한 놓친 부분에 어떤 내용이 언급되었는지 질문하면 답변을 받아볼 수도 있다.

회의 중에도 다른 업무를 볼 수 있도록 배려해준다니, 마이크로소프트는 우리 인간의 생산성을 어디까지 끌어올리려는 것일까?

** 마이크로소프트에서 제공하는 메신저, 온라인 회의 솔루션.

트롤리 딜레마

자율주행차 시험 운행이 본격화되면서 인공지능 윤리 문제가 공론화되었다. 그때 등장한 것이 트롤리 딜레마이다. 트롤리 딜레마의 핵심은 다음과 같다.

"운행 중인 전차가 선로에서 탈선하고 있습니다. 전차가 그대로 직진하면 다섯 명의 사람이 죽고 전차의 선로를 변경하면 한 사람이 죽습니다. 전차의 선로를 변경할 권한이 당신에게 있다면 당신은 어떤 선택을 하겠습니까?"

이 문제에 어느 누가 명쾌한 해답을 제시할 수 있을까? 하지만 우리 인간은 이런 문제에 곧 직면하지 않을까?

책임 있는 AI

책임 있는 AIResponsible AI는 인공지능 기술을 사용할 때 사회적·경제적·환경적 영향을 고려하고 이를 최소화하기 위한 노력을 의미한다. 책임 있는 AI는 공정성·투명성·개인 정보 보호·안전성 등 인공지능에서 발생할 수 있는 문제를 방지하거나 최소화하기 위해 사용된다. 예를 들어, 챗GPT를 만든 오픈AI 역시 모델 사용을 제한하고 사용자 교육 및 문제 대응 방법을 개발하는 데 주력하고 있다.

단순히 기술 개발에만 주력하는 것이 아니라 그 중심에 인간을 두겠다는 의미인데, 얼마나 잘 지켜질지 지켜봐야 한다.

인공지능 관련 법

인공지능 관련 법에 대해 유럽, 미국과 우리나라 사례를 살펴보자.

유럽: '인공지능 법(AI 법)'은 동종 최초의 법으로, GPT-4와 같은 거대 언어 모델이 법을 위반하는 콘텐츠를 생성하지 않도록 적절한 안전조치 설계를 의무화하고 있다. 이를 위반할 경우 벌금으로 3,000만 유로 또는 전 세계 수익의 6%를 내야 한다.

미국: 2023년 1월 국립표준기술연구소NIST에서 '인공지능 관리 프레임워크'를 공개했고, 2월에는 연방기관들에게 공정성과 시민의 평등권을 발전시키는 방향으로 AI를 사용할 것을 지시하는 백악관 행정 명령이 발령됐다.

대한민국: 우리나라 역시 인공지능 기본법·인공지능 윤리 강령·개인 정보 보호법 등 관련 법규가 있지만 불명확한 항목들이 많다. 여전히 클라우드나 인공지능에 사용되는 데이터에 대한 제약이 발목을 잡고 있다.

지금도 챗GPT나 구글 바드에 대항할 국내 기술이 부족하다는 의견이 많은데 고민과 우려에서 그치지 않도록 정부와 민간 차원의 노력이 필요해 보인다.

로봇 3원칙

로봇 3원칙Three Laws of Robotics은 과학소설 작가 아이작 아시모프Isaac Asi-mov가 자신의 소설 〈런어라운드Runaround〉에서 제시한 로봇 윤리에 관한 규칙이다.

1원칙: 로봇은 인간을 해치면 안 된다.

2원칙: 로봇은 인간의 명령에 복종해야 한다. 단, 이 명령이 첫 번째 원칙에 위배되면 이 명령을 따르지 않아도 된다.

3원칙: 로봇은 자신의 존재를 보호해야 한다. 단, 이것이 첫 번째, 두 번째 원칙에 위배되면 이 원칙은 따르지 않아도 된다.

이 소설이 1942년도에 발표되었다는 것이 놀라울 따름이다. 로봇과의 공존이 코앞에 다가온 이제서야 로봇 3원칙을 거론하고 있으니 말이다.

인공지능 저작권

인공지능이 자신의 창작물에 대해 소유권을 주장할 수 있을까? 인공지능은 자연인이나 법인으로 간주되지 않기 때문에 소유권을 주장할 수 없다. 따라서 인공지능 창작물의 소유권은 인공지능을 소유한 개인이나 법인에게 귀속된다.

그런데 인공지능이 창작한 글이(혹은 그림이) 기존의 작품과 유사할 수 있지 않을까? 인공지능 역시 창작이 가능하다고 하지만, 기존의 데이터를 이용한 학습 결과이기 때문에 결국 누군가의 작품과 상당히 유사할 수 있다. 그러나 이러한 상황에 대한 법적인 규제가 아직 명확히 정의되어 있지 않다. 인공지능이 한 발짝 더 우리의 생활에 들어온 만큼 빠른 법적 규제가 정립되어야 하겠다.

인공지능 신뢰성 문제

인공지능의 신뢰성 문제는 크게 두 가지 관점에서 접근할 필요가 있다.

인공지능 답변에 대한 신뢰성 문제: 이 문제는 특히 챗GPT에서 발생하고 있다. 챗GPT에 질문해서 받은 답변이 항상 정확하지 않을 수 있다는 것을 염두에 두어야 한다. 하지만 이것은 챗GPT 모델 자체의 문제라기보다는 언어 모델, 특히 창의성을 강조한 모델에서 기인한 문제이다.

인공지능의 편향적인 답변 문제: 인공지능 답변이 특정 집단에 우호적일 수 있다. 이것 역시 모델 문제라기보다는 모델 학습에 사용된 데이터의 문제이다. 따라서 데이터 자체에 편향성은 없는지 꾸준한 모니터링이 필요하다.

인공지능 블랙박스

인공지능 블랙박스는 인공지능 답변이 어떤 과정을 거쳐서 도출된 것인지 인간은 알 수 없는 영역이라는 의미이다. 예를 들어, 인공지능 모델이 복잡한 의료 질환을 진단하거나 금융 거래를 처리하는 등 중요한 결정에 사용될 경우 모델이 왜 그런 결과를 내놓았는지 우리 인간은 알지 못한다. 그래서 모델의 의사 결정 과정을 설명하고, 모델이 사용된 데이터를 공개하며, 모델의 결과를 검증하고 이해하기 쉽게 만드는 방법 등의 노력이 이루어지고 있다. 그 대표적인 것이 설명 가능한 인공지능이다.

설명 가능한 인공지능

설명 가능한 인공지능Explainable AI, XAI은 인공지능 모델의 동작과 의사 결정 과정을 설명하고 이해하기 쉽게 만드는 기술이다. 이는 인공지능 모델이 내린 결정에 대한 이유와 근거를 제공하여 모델의 신뢰성과 투명성을 높인다. 예를 들어, 인공지능 모델의 입력과 출력을 시각화하여 모델의 동작을 이해하기 쉽게 만들거나 모델이 어떻게 학습되었는지 설명하는 것이다.

우리 인간이 인공지능을 신뢰할 수 없다면 산업 어디에도 활용이 불가능하다. 인간의 생명과 직결되는 의료 분야는 물론 재산과 관련된 금융 분야에서 어떻게 인공지능을 신뢰하고 활용할 수 있을까? 그래서 최근에는 인공지능 모델이 결과를 내놓은 과정을 설명하기 위한 기술들이 계속해서 발전하고 있는데, 이러한 노력은 모델의 안전성과 사용자의 신뢰를 높이는 데 큰 역할을 할 것이다.